Introduction to Organization Management

組織マネジメント入門 第2版

石井晴夫
樋口 徹 [著]
Ishii Haruo / Higuchi Toru

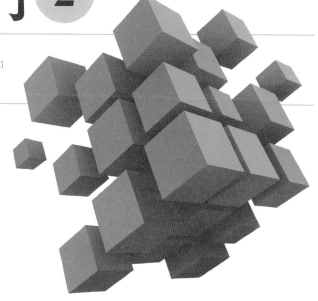

中央経済社

第2版刊行によせて

　現代の組織経営は，日々大きな変化を遂げている。特に，企業では，同業種はもとより異業種においてもビジネス交流が活発化しており，グローバルなアライアンス（提携）や企業間ネットワークが新たな展開を迎えている。したがって，優れた技術を保有していても，自社を中心としたビジネス・エコシステムやゲームのルールを構築できなければ持続的な競争優位を獲得できないのである。そのためには，自社の経営資源のみならず外部の経営資源を戦略的に再編成するような戦略的アライアンスを構築し，従来の枠を超えた自社のネットワークを形成する必要がある。つまり，多様な組織が社会や環境の変化に素早く適応可能なダイナミック・ケイパビリティへの対応が求められているのである。

　近年，水環境やエネルギー分野を始めとするインフラ産業は，IoT や AI 等の急速な発展により競争環境は激しく変化している。日本企業が巨大な世界の水ビジネスやエネルギー・ビジネスで今後イニシアチブを獲得するためには，現地のニーズに合ったスマートな水インフラやエネルギーの供給システムをパッケージで提供する必要がある。また，欧州を中心とする既存の水メジャー，日本の総合商社，行政，電機・機械・部品メーカーのみでなく，ベンチャー企業の技術や知見も取り込んでいく必要がある。

　さらに，マネジメントの観点からは技術と経営を融合させ，ボーダレス化に伴い異文化間コミュニケーションの視点を積極的に取り入れながら，さまざまな問題点を統合的にマネジメントできる人材育成プログラムなどの採用も必要となろう。そのためには，コミュニケーションのための言語力と異文化への気付きや適応を扱う異文化間コミュニケーション能力を高めつつ，現地ニーズを明確に把握し，必要とされるビジネスに反映させることが必須となる。グローバル展開は，民間企業の取組みのみならず，政府による国家戦略となっている。特に，水メジャーを多数輩出しているフランスをはじめ，

シンガポールや韓国のような新興水ビジネスが急速に育っている国々では，政府主導で国内のコンセンサスを形成しつつ，産官学が一体となって積極的に水ビジネスとその関連企業を育成しているのである。

　日本のみならず各国においても急速なグローバル化に直面し，民間・公共を問わず今改めて組織マネジメントの再構築が求められている。国内外の経済・経営環境が目まぐるしく変化する中で，日本国内でも法律や制度が徐々に改正されている。本書は，そうした変化要因を捉えつつ，新たな経営戦略を採用し実行に移す際の組織マネジメントのあり方を再考し，経営戦略を総合的かつ統合的に実行するための基本的な考え方を整理してきた。本書の第2版が当該組織における組織の再編と持続可能な組織運営の推進に少しでも参考となるのであれば望外の喜びである。

　2018年8月1日

石井　晴夫

樋口　徹

はしがき

　現代の企業経営は，国内外において不連続な経営の環境変化に直面している。技術や製品・サービスのイノベーション（革新）を常に実現しなければ，ますます厳しさを増すグローバル競争のなかでは生き残れず，どんなに歴史がある大企業であっても結果として淘汰されることになる。こうした厳しい市場競争のなかで，最近では系列や業界の枠を超えた企業間の合従連衡が急速に進んでいる。これからは，真に産・学・官（公）が一体となって，それぞれの業界や企業の最適なビジネスモデルを多面的に検討し，競争優位の事業戦略を構築しなければならない。

　すでに欧米諸国では，社会資本整備や公共サービスの供給において，公共セクターと民間セクターとが協働して推進する「PPP」(Public-Private Partnerships) の考え方が積極的に取り入れられている。わが国においても，本格的な成熟型社会の時代を迎え，今後の公共サービス供給のあり方を考える際に，PPPへの具体的な取り組み方策が求められている。

　そのためには，各自が保有する経営資源や潜在能力を定期的に検証し，従来の計画優先の事業システムを創発的に改善し，向上が図れるシステムへと変えていくことが必要であろう。国内外の経営環境が目まぐるしく変化するなかで，各社は機敏に環境変化を察知し，地球環境の保全や自然災害への備えを常に志向しつつ，顧客ニーズの多様化・高度化に迅速かつ適切に対応することが求められている。

　一方，電気事業や都市ガス，さらには上・下水道事業などの公益事業は，市民生活や産業活動の基盤インフラとして，事業発足以来地域独占型の事業として重要な役割を担ってきた。しかし，技術革新やイノベーションの進展などにより，電気事業や都市ガスなどでは地域独占事業としての地位を確保することが困難となりつつある。いずれの事業も，同一事業者間はもとより異業種からの参入も進行しており，従来のマーケット（市場）に大きな変革

が促されている。

　こうした市場競争に対応して，2013年11月および2014年6月には電気事業法が改正され，2016年頃から家庭を含めた電力の小売部門の全面自由化が実施される予定である。同時に，それに呼応する形で都市ガス事業においても制度改革が進行しつつあり，近いうち，ガス事業法の改正法案の国会への上程も検討されている。したがって，2016年以降は電力・都市ガスともに小売全面自由化が到来するものと考えられる。

　本書は，こうした変革期において，改めて「企業や組織におけるマネジメントのあり方」はどのようにあるべきか，さらにはどうすべきかを考察しようと試みるものである。もちろん事業環境の変化に伴って，望ましい組織形態も変化しており，本書でも経営学における基本的な考え方をレビューすることによって，現状を理解し新たな方向性を導き出す今後の"鍵"となることを期待している。

　本書は，全体で6章から構成されている。第1章は，現代組織における経営の基礎である。ここでは，本書における現代の組織とマネジメントの概念と定義を明らかにし，公式組織の成立とその前提条件，公式組織とマネジメント，現代の組織を取り巻く環境の変化，現代における公式組織のマネジメントについて述べている。そして，組織の分類として，公式組織と非公式組織，法人格の有無による分類，目的による分類，内組部織と組織の連合体，日本国内の法人の種類などを整理している。

　第2章は，組織における構造変化である。まず，組織の成長と進化として，組織のライフサイクル，組織の成長による変化，組織の境界，企業家と経営者の役割について考察し，次に，組織構造として，中央集権的組織，中央集権的組織の問題点，分権的組織，分権的組織の問題点などを明らかにしている。そして，組織の再編では，組織横断的な活動，細分化した部門の統合，外部組織の活用，法律に基づく会社組織の再編，組織構造の変遷などについて論述している。

　第3章は，組織のマネジメントである。まず，個人と組織の意思決定のあり方を，組織内の人間像，人間関係の影響，組織と個人の観点から考察し，

次に，組織全体としての戦略として，活動領域の定義と設定，戦略の階層性，事業多角化，事業構成の見直しなどについて考察している。さらに，事業（競争）戦略として，バリューチェーン，競争優位の源泉，3つの基本戦略を取り上げ，次に，組織学習としては，学習する組織，組織能力の必要性，イノベーション・ギャップ，組織における学習プロセスなどについて分析している。

　第4章は，会社経営のマネジメントである。ここでは，まず会社の機能として，営利目的の法人と会社の種類を整理するとともに，株式会社における株式と株主総会を取り上げている。また，株式会社の機関としては，株式会社の主な機関，取締役と取締役会，監査役と監査役会，委員会設置会社などについて触れている。さらに，会社の計算では，利益の計算，損益分岐点，財務諸表などを考察している。同時に，企業統治の目的の中では，長期利益の獲得と社会的責任の遂行の両面から述べている。

　第5章は，公共領域のマネジメントである。まず，公共領域の定義と社会的な役割として，公共領域の組織と活動，インフラ管理の課題，公共領域マネジメントの体制を取り上げている。次に，郵便事業と水道事業のマネジメントについて論述している。郵便事業のマネジメントでは，郵便事業の状況，日本郵政㈱による中期経営計画，日本郵政㈱の株式上場，新規業務への進出などを取り上げている。また，水道事業におけるマネジメントでは，わが国における水道事業の現状，水道料金，新水道ビジョンの策定，水道サービス維持のための変革などについて考察している。

　最後の第6章は，個別組織から新たな組織連合への変革について分析している。新たなニーズに向けた事業システムとして，事業システムの概念とその内容，"make or buy"の意思決定，事業システム戦略などについて論述している。次に，サプライチェーン・マネジメント（SCM）では，SCMの定義，サプライチェーンの機能，SCMによる競争優位の獲得について考察している。さらに，公民連携（PPP）によるマネジメントでは，PPPの概念とその役割，郵便事業におけるPPP，水道事業におけるPPPなどについて考察している。

以上が本書の概要である。本書の中でも述べられているように，本書は，現代の企業組織を中心として，マネジメントの現状と課題を多面的に考察することを目的としている。ここでは，組織を特定の目的を遂行するための人々の集まりであると定義している。営利・非営利を問わず，組織構築あるいは組織運営の目的は多様であり，その目的に応じて，適切な組織構造や運営体制が形成されるのである。したがって，組織内部における分業設計や各種の調整活動も極めて重要となる。

　現代においては，ICTなどを有効活用した「リエンジニアリング」（事業の再構築）によって，目的を効率的に達成することも可能になっている。さらに，組織運営の効率性に加えて，多様なステークホルダーへの配慮も不可欠となっており，外部組織との協働体制の確立が不可欠であることも認識されている。本書は，こうした問題意識に立脚して，現代の組織マネジメントを平易に考察した入門書である。

　本書をまとめるに際して，これまで東洋大学，学習院大学，作新学院大学の多くの先生方から有益なご指導やアドバイスをいただいた。とりわけ，東洋大学経営学部の小椋康宏教授，柿崎洋一教授，幸田浩文教授，小嶌正稔教授，劉永鴒教授には長い間，学内での共同研究や学会などを通じていつも貴重なご指導をいただいている。また，東洋大学経営学部専任講師の中野剛治先生には，本書の校正紙の細部にわたってご意見を頂戴した。本書が激変する組織マネジメントや企業経営を考える際の一助なれば幸いである。

　最後に，本書の刊行をお引き受けいただいた中央経済社の山本継会長や，筆者の1人である石井晴夫が初めての単著を上梓して以来お世話になっている丹治俊夫取締役，さらに編集ならびに校正でお世話になっている納見伸之編集長に厚く御礼を申し上げたい。

2014年11月1日

石井　晴夫

樋口　徹

目　次

第2版刊行によせて　i
はしがき　iii

第1章　現代組織における経営の基礎　　1

1　現代の組織とマネジメント　　1

1-1　組織の概念と定義／1
1-2　公式組織の成立とその前提条件／3
1-3　公式組織とマネジメント／5
1-4　現代の組織を取り巻く環境の変化／7
1-5　現代における公式組織のマネジメント／9

2　組織の分類　　10

2-1　公式組織と非公式組織／10
2-2　法人格の有無による分類／12
2-3　目的による分類／12
2-4　内部組織と組織の連合体／13
2-5　日本国内の法人の種類／14

第2章　組織における構造変化　　19

1　組織の成長と進化　　19

1-1　組織のライフサイクル／19
1-2　組織の成長に伴う変化／23
1-3　組織の境界／24
1-4　企業家と経営者の役割／27

2　組織構造 ———————————————————— 29
- 2-1　中央集権的組織／29
- 2-2　中央集権的組織の問題点／31
- 2-3　分権的組織／33
- 2-4　分権的組織の問題点／36

3　組織の再編 ———————————————————— 37
- 3-1　組織横断的な活動／37
- 3-2　細分化した部門の統合／39
- 3-3　外部組織の活用／40
- 3-4　法律に基づく会社組織の再編／42
- 3-5　組織構造の変遷／44

第3章　組織のマネジメント　　　　　　　　　　　49

1　個人と組織の意思決定 ———————————————— 49
- 1-1　組織内の人間像／49
- 1-2　人間関係の影響／52
- 1-3　組織と個人／54

2　組織全体としての戦略 ———————————————— 57
- 2-1　活動領域の定義と設定／57
- 2-2　戦略の階層性／58
- 2-3　多角化戦略／62
- 2-4　事業構成の見直し／64

3　事業（競争）戦略 ———————————————————— 68
- 3-1　バリューチェーン／68
- 3-2　競争優位の源泉／69
- 3-3　3つの基本戦略／73

4　組織学習 ───── 77
- 4-1　学習する組織／77
- 4-2　組織能力の必要性／79
- 4-3　イノベーション・ギャップ／81
- 4-4　組織における学習プロセス／82

第4章　会社経営のマネジメント ───── 87

1　会社とは ───── 87
- 1-1　営利目的の法人／87
- 1-2　会社の種類／88

2　株主の機能と役割 ───── 90
- 2-1　株　式／90
- 2-2　株主総会／92

3　株式会社の機関 ───── 95
- 3-1　株式会社の主な機関／95
- 3-2　取締役と取締役会／96
- 3-3　監査役と監査役会／99
- 3-4　指名委員会等設置会社と監査等委員会設置会社／100

4　会社の計算 ───── 102
- 4-1　企業の利益とは／102
- 4-2　損益分岐点／104
- 4-3　財務諸表／106

5　企業統治の目的 ───── 109
- 5-1　長期利益の獲得／109
- 5-2　社会的責任の遂行／110

第5章 公共領域のマネジメント　　115

1　公共領域の定義と社会的な役割　　115
- 1-1　公共領域の組織と活動／115
- 1-2　インフラ管理の課題／116
- 1-3　公共領域マネジメントの体制／119

2　郵便事業のマネジメント　　123
- 2-1　郵便事業の状況／123
- 2-2　日本郵政㈱による中期経営計画の策定／126
- 2-3　日本郵政㈱の株式上場／128
- 2-4　新規業務への進出／131
- 2-5　日本郵政グループ3社の株式上場／132
- 2-6　郵便局の潜在能力とネットワークの利活用／133

3　水道事業におけるマネジメント　　135
- 3-1　わが国における水道事業の現状／135
- 3-2　水道料金／138
- 3-3　新水道ビジョンの策定／140
- 3-4　水道サービス維持のための変革／141
- 3-5　水道事業を巡る経営環境の変化／142
- 3-6　厚生科学審議会生活環境水道部会専門委員会での検討／145
- 3-7　水道法改正案の概要／146

第6章 個別組織から新たな組織連合へ　　153

1　新たなニーズに向けた事業システム　　153
- 1-1　事業システムの概念とその内容／153
- 1-2　"make or buy"の意思決定／154

1-3 事業システム戦略／155

2 サプライチェーン・マネジメント（SCM）――― 157
2-1 SCMの定義／157
2-2 サプライチェーンの機能／159
2-3 SCMによる競争優位の獲得／161

3 公民連携（PPP）によるマネジメント ――― 163
3-1 PPPの概念とその役割／163
3-2 郵便事業におけるPPP／166
3-3 水道事業におけるPPPの推進／167
3-4 新たな制度設計の必要性／168

結びに代えて　173
参考文献　177
索　引　181

第1章

現代組織における経営の基礎

1 現代の組織とマネジメント

1-1 組織の概念と定義

　人類は大昔から組織的な活動を行ってきた。日本でも，旧石器時代の遺跡群などから，複数の人間で協力しながら大型動物を狩猟し，獲物を解体し，肉を運搬していた痕跡が見つかっている。農作業や加工作業においても，共同作業を行うことによって，人類は収穫量や生産量を増加させ，広く流通させ，そして余剰は貯蔵してきた。現在までに，このような組織的な活動はさまざまな分野で多様化し高度に行われるようになっている。

　元来，組織という言葉には多様な意味がある。組織と訳される英単語には，主にオーガニゼーション（organization）とシステム（system）がある。『ジーニアス英和辞典』では，オーガニゼーションの語義として，以下の4つを挙げている。

(1) 　a　（団体や会合などの）組織化，編成；組織，構成，機構；計画，準備。
　　　b　組織的に〔系統だてて〕行う能力；整然としていること，秩序；方法。
(2) （目的を持つ）組織体；団体，協会，組合，自治体。

(3) （政党の）役員；（会社の）管理機関；経営陣。
(4) 有機体；生物。

もう一方のシステムに関しては，以下の語義が列挙されている。

(1) 制度，組織；（輸送・通信）組織網，ネットワーク。
(2) 体系；系統，学説；装置。
(3) 体系的方法，方式。
(4) 整然とした手順，秩序；ギャンブルの選択手順。
(5) 身体，体。
(6) （支配）体制；社会秩序，〔the System〕体制側，おかみ。
(7) 〖コンピュータ〗システム；制御系。
(8) 〖化学〗系；〖鉱物〗（結晶の）系；〖地質〗系；〖生物〗分類体系。
(9) （考え・行動の）枠，型にはまった考え方〔行動〕，（自分の）殻。
(10) 〖音楽〗音〔和声組織〕；譜表。

両単語ともに，組織が最初の語義として掲載され，そして社会科学から自然科学の領域に属する語義が含まれている。しかし，複数の人から構成される組織を英訳する場合には，オーガニゼーションが用いられることが多い。

『広辞苑』によると，組織には以下の4つの語義が含まれている。

(1) 組み立てること。組み合わせて1つのまとまりを作ること。
(2) 織物で緯糸と経糸とを組み合わせること。
(3) ほぼ同形・同大で，働きも似通った細胞の集団。集まって器官を構成する。
(4) ある目的を達成するために，分化した役割を持つ個人や下位集団から構成される集団。

他方で，組織には，オーガニゼーションやシステムと同様に，多様な語義

が含まれている．本書では，社会科学分野における組織のマネジメントを考察することを目的としているので，自然科学に関するものは考慮から除外することとする．本書で対象としている組織は，人々によって構成される組織体である．そのような組織体の構成員は，烏合の衆とは異なり，特定の目的を持った人々の集まりであり，目的達成のために秩序だった行動が採られる集団を意味している．野生の動物などでも，効率的な捕食や保身のために，組織的な行動をしているものも多数いるが，本書では複数の人間によって構成される組織に限定して話を進めることとする．

　米国の企業経営者のバーナード（Chester I. Barnard）は，著書の『経営者の役割』の中で，「公式組織」を『意図的に調整された複数の人間の活動や諸力のシステム』と定義している[1]．さらに，バーナードは，公式組織成立に不可欠な3要素として，①共通の目的，②コミュニケーション，③貢献意欲の3つを具体的に挙げ，公式組織および組織的活動の体系化に多大な貢献をしている．

1-2　公式組織の成立とその前提条件

　バーナードの考え方は，公式組織は単なる人の集団ではなく，共通の目的を持った集団であると考えられる．その集団の中では，構成員間の適切なコミュニケーションによって各構成員が行う活動は調整されている．さらに，そのような組織が存続していくためには，構成員から必要な貢献が確保できている状態が維持されていなければならないとされている．

　現実の世界では，組織に参加している全員が同じ目的を持っていることは稀なことである．例えば，企業が提供する製品やサービスは，顧客にさまざまな価値を提供することを目的としている．しかし，実際に企業の中で働く従業員の入社の動機は，経済的なものから優良企業で働きたいという願望など千差万別である．それでも，企業と従業員にとって，経済的利益（営利）は共通の目的と成り得る．それを獲得するために，企業と従業員は協力関係にある．したがって，企業が掲げる目的と各従業員の目的が背反関係にないことが重要となる．それによって，企業の掲げる目的を達成するのに不可欠

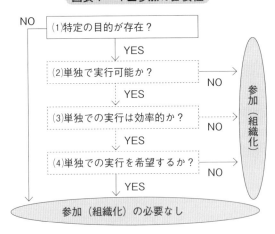

図表1－1■参加の必要性

(出所) 筆者作成。

な従業員からの貢献を妨げる要因を減らすことができるからである。組織が存続あるいは特定の目的を達成するためには，安定的に構成員の貢献意欲を引き出せる関係（協働関係）をいかに構築できるのかが重要となる。

図表1－1は，共同作業あるいは参加（組織化あるいは組織編成）の必要性について整理したものである。ここでは，目的の有無から始まり，単独での実行可能性や効率性などを考慮して参加し，組織として共同作業を進めたほうが良いのかを判断しなければならない。具体的に弁当屋を経営するケースを当てはめて考えてみると以下のようになる。

(1) 弁当屋の経営という目的があるので，(2)のステップへ．
(2) 大規模なチェーン展開を考えているなら，1人では無理なので，組織化が必要となる。しかし，単独でも展開可能な小規模ビジネスを考えている場合は，(3)のステップへ．
(3) 単独で運営するのと複数の人間で運営する際の効率性などを比較して，参加（組織化）するのかあるいはステップ(4)へ進むのかを検討．
(4) 最終的に，参加つまり組織化するのかしないのかを決定する。

図表1－2は，参加の度合いを整理したものである。左のA図（烏合の

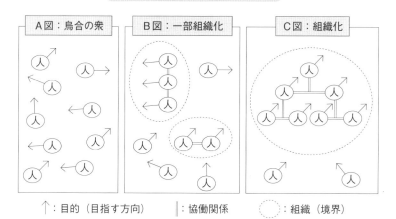

図表1-2■参加の度合いと組織

(出所) 筆者作成。

衆）は人々の目的（目指す方向）がバラバラで，協働関係も成立していない状態を示している。B図は，目的が一致している構成員が集まり，ある程度の協働関係が構築されている組織が出現している状況を示している。C図では，人々（構成員）の目的が調整され，組織内の秩序に沿って，高度な協働関係が構築されている。本書で扱う組織には，B図のような小規模な組織からC図のような体系だった組織までが含まれることになる。

1-3　公式組織とマネジメント

　公式組織は，共通の目的を遂行するために協働関係にある人々の集まりである。組織が機能するための最初の条件として，協働関係が構築されていることが挙げられる。そして，協働関係を構築するためには，各構成員が共有する共通の目的が存在し，構成員間のコミュニケーションや組織全体としての秩序などがある程度整備されていなければならない。組織目的を確実かつ効率的に達成するためには，優れた「マネジメント」が必要となるのである。

　国際標準化機構（ISO：International Organization for Standardization）は，マネジメントを「組織を指揮し，管理するための調整された活動」と定義している[2]。ドラッカー（Peter F. Drucker）は，1999年に出版した『明

日を支配するもの』の中でマネジメントの前提に関して，以下の7つの間違いを指摘し，括弧内のように転換すべきと論じている[3]。

(1) マネジメントは企業のためのものである。
（マネジメントとは，あらゆる組織のための体系であり，機関である。）
(2) 組織には唯一の正しい構造がある。
（今日，必要とされるものは，唯一の正しい構造の探求ではなく，それぞれの仕事に合った組織構造の探求であり，発展であり，評価である。）
(3) 人のマネジメントには唯一の正しい方法がある。
（行うべきは，人をマネジメントすることでなく，リードすることである。その目的は，一人ひとりの人間の強みと知識を生産的たらしめることである。）
(4) 技術と市場とニーズはセットである。
（今後のマネジメントは，技術とその用途を基盤とすることができなくなった。それらのものは制約条件にすぎない。マネジメントが基盤とすべきは，顧客にとっての価値であり，支出配分についての顧客の意思決定である。経営戦略は，ここから出発しなければならない。）
(5) マネジメントの範囲は法的に規定される。
（マネジメントは，あらゆるプロセスを対象としなければならない。経済全体における成果と仕事ぶりに焦点を合わせなければならない。）
(6) マネジメントの範囲は国境で制約される。
（国境は制約条件として意味を持つだけであるということである。現実のマネジメントは，政治でなく，経済の実体が規定する。）
(7) マネジメントの世界は組織の内部にある。
（マネジメントとは，組織に成果をあげさせるためのものであり，

> したがって，まず初めにそれらの成果を明らかにし，次にそれを実現するために手にする資源を組織しなければならないということである。マネジメントは，企業，社会，大学，病院，あるいは女性保護協会のいずれであれ，自らの外部において成果を上げるための機関である。）

さらに，同書の中で，ドラッカーは，社会，経済，コミュニティの中心は，技術，情報，生産性ではなく，成果を上げるための社会的機関としての組織であることが指摘されている。そのような組織が成果を上げるための道具，機能，機関がマネジメントであると結論づけている。

1-4 現代の組織を取り巻く環境の変化

周知のとおり，現代の組織は，ボーダーレスな世界で活動を行っている。最初に，組織活動が国境を超え，地球規模で行われるようになっている。これを物理的に可能にしているのは，飛行機，船舶，鉄道，トラックなどの交通および輸送機関などの発展である。交通および輸送ネットワークが全世界に広がり，それらのネットワーク上を人やモノが頻繁に移動している。この交通および輸送機関の発展を支えているのが，ICT（情報通信技術）やマネジメント技術である。ICTの進展がなければ，交通および輸送機関の確実かつ効率的な運営は不可能である。さらに，高度なマネジメント技術が，人々のモビリティ（移動）やモノの輸送状況およびその状態を把握し，効率的に管理する重要な役割を担っている。そして，国際的な分業体制を構築・運営するには，国際的あるいは遠隔地とのコミュニケーションを可能にするICTに加えて，マネジメント技術の高度化が必要となる。ICTによって，空間や時間の制約を超えて，組織内外とのコミュニケーションが可能になったとしても，適切な分業体制の構築とその運営を管理するマネジメント手法が確立されていなければ，大きな効果は期待できない。

そして，現代の組織は，地理的なボーダーレス化に加えて，活動領域，競争相手，提携相手が既存の枠組みを超えて，多様化し高度化している。例え

ば，ある企業が有している資源を有効に活用するために，他の分野への展開を図ったりすることが多発している。その結果として，進出先での競争（異業種間の競争）が活発化する。異分野に進出する場合や競争が激化した場合，迅速な進出や生き残りのために，「自社の強み」と「他社の強み」を組み合わせる提携などが分野を超えて行われることがある。以前と比較して，海外や異分野からの影響を受けやすくなっているので，重大な環境変化を速やかに把握し，適切に対応することが必要となっている。

　その一方で，組織に対して，法令遵守（コンプライアンス）以上のより高い行動規範に沿った取り組み，いわゆる「社会的責任」を適切に遂行することが社会から強く求められるようになっている。組織の大規模化や社会の成熟化の進展に伴って，より多くの人々が利害関係者として認識されるようになっていることがその背景にある。**図表1－3**は，メーカー企業を例として，さまざまな「利害関係者」との関係を図示したものである。以前から，株主，従業員，顧客，金融機関（債権者）などは，重要な利害関係者として認識さ

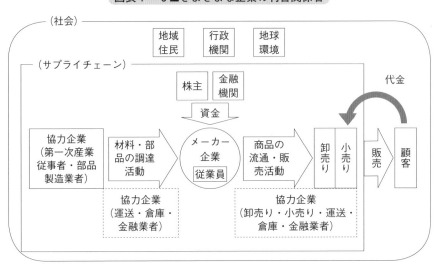

図表1－3■さまざまな企業の利害関係者

（出所）　筆者作成。

れていた。近年では,環境問題や雇用問題などの社会的責任の大きさが注目されるようになり,地域住民,行政機関,地球環境なども軽視できない存在となっている。さらに,これらのことを一企業がすべてできるわけではないので,「サプライチェーン」(Supply Chain)の考え方を重視する必要があり,取引相手を含む協力企業や子会社などをどのようにマネジメントしていくかが今後の重要な鍵となるであろう。このように多様な利害関係者の利益を守るためには,企業に対して法令遵守や透明性の確保を目的とした情報開示(ディスクロージャー)や説明責任(アカウンタビリティ)などが強く求められる時代になっている。

1-5 現代における公式組織のマネジメント

本書は,公式組織を「共通の目的を遂行するために協働関係にある人々の集まり」と定義し,多様な公式組織でのマネジメントを考察の対象としている。現代の激しい環境変化の中で,組織目的を確実かつ効率的に達成するためには,硬直的なマネジメント・システムよりも柔軟なシステムが望ましくなってきている。近年,ICTの進歩と組織の構成員の創造性をマネジメントに取り入れることの重要性が増している。その一方で,単体組織で事業を遂行することへの限界が明らかになってきており,組織間の連携が多様な形で進展している。そして,組織のさまざまな活動に対する社会的責任(social responsibility)も年々大きくなりつつあり,組織の活動が公正に行われることを担保する体制を整備することが喫緊の課題となっている。本書では,以上のことを踏まえて,現代の組織をマネジメントする際の重要要素として,以下の事項を掲げることとする。

(1) 目的を確実に達成すること(確実性)。
(2) 目的を効率的に達成すること(効率性)。
(3) 外部環境の変化に適切に対応すること(適応性)。
(4) 組織構造や作業プロセスが柔軟であること(柔軟性)。
(5) 組織内構成員が創造性を発揮しやすい環境を整備すること(組織学

習)。
(6)　組織を取り巻く多様な利害関係者の利害に配慮すること(社会的責任)。
(7)　組織において内部意思決定プロセス,行動,結果報告が適正に行われていること(透明性)。
(8)　新しい価値観と新しいプロセスで事業を創造すること(リエンジニアリング)。
(9)　国内外の外部組織との協働体制を確立すること(組織連合)。
(10)　柔軟な組織間連携を推進すること(弱連結組織)。

2 組織の分類

2-1　公式組織と非公式組織

　本書では,組織を「共通の目的を遂行するために協働関係にある人々の集まり」と定義しており,多様な集まりが組織に含まれることを意味している。このような集まりの規模や目的は千差万別である。例えば,ボランティア活動を協力して行っている2人組から,営利目的の数万人規模の大企業までが組織となる。**図表1-4**は,このような組織を公式組織の別,法人格の有無,目的などによって分類したものである。

　図表1-4では,最初に,ある組織の組織化の度合いが,公式組織レベルに達しているかどうかで区分している。先述したバーナードの定義では,組織は「意図的に調整された複数の人間の活動や諸力のシステム」であるが,それは公式組織を指すことになる。そこでは,組織の目的達成のために,組織の構成員の役割が定められており,各構成員の活動を調整する詳細な仕組み(コミュニケーションや秩序)が整備されている。

　それに対して,「非公式組織」は自然発生的なもので,友人関係などのように共通の目的や役割分担がなくても成立する。このような非公式組織の存

図表1-4■組織の特性による組織分類

組織化の度合	法人格の有無	共通の目的の内容による分類		特徴
公式組織	法人	単体	営利	株式会社や合資会社など「会社法」に基づいて設立されている会社
			非営利	学校法人（特定民間法人）や日本銀行（認可法人）など特定非営利活動促進法や日本銀行法などの根拠法によって設立されている組織
		内部	営利	会社内の部署やプロジェクトチームなど法人の内部で独自に設立されている組織
			非営利	省庁や地方公営企業など国や地方公共団体などの法人の内部で「国家行政組織法」や「地方公営企業法」に基づいて設立されている行政機関など
		連合体	営利	サプライチェーンなどのように，営利目的で複数の法人（民間企業）が契約や資本関係などに基づいて形成している組織の連合体
			営利／非営利	パブリック・プライベート・パートナーシップなどのように，特定の公益事業を効率的に遂行するために，官民が連携する組織の連合体
	自然人（個人）	営利		自営業者などのように，法人格を持たずに，個人で事業を行う事業者
		非営利	公的	町内会などのように，法人格を持たずに，公的な目的を有し，組織的に活動している団体
			私的	草野球などのように，私的な楽しみを追求しているが，組織的に活動している団体
非公式組織	自然人（個人）	共通の目的はなくても問題はない		交友関係などのように社会の至るところで自然発生し，状況を正確に把握することが困難な組織

(出所) 筆者作成。

在が注目されるようになったのは，メイヨー（George E. Mayo）やレスリスバーガー（Fritz J. Roethlisberger）などの人間関係論派の学者が米国ウェスタン・エレクトリック社のホーソン工場での実験を通して，職場の中で自然発生的に生まれた非公式組織の効果を公表してからである[4]。非公式組織は社会の至るところで発生し，社会生活に影響を及ぼしている重要な存在である。しかし，その実態や効果を捉えることは本書の狙いから大きく外れており，本書で対象としている組織は公式組織に限定することとする[5]。

2-2　法人格の有無による分類

　図表1-4では，組織の分類の第2の基準として，「法人格」の有無を挙げている。組織の中には，法人格を有する「法人」とそうでない自然人（個人）が存在している。人間は出生時点で権利能力が与えられるが，法人は，法律の要件を満たした組織が所定の手続きを行った場合に法人格が与えられるものであり，それによって権利能力を持つようになる。

　つまり法人は，特定の法律を根拠として成立することになるのである[6]。法人格の取得や法人運営に関して厳しい制約やデメリットがある一方で，さまざまな経済・社会的なメリットもある。例えば，個人と比較して，法人として活動したほうが社会的な信用が高く，さらに，法人として銀行口座開設や不動産登記などの各種契約を結ぶことなどが可能になる。組織の置かれている状況によって多少異なるが，大規模あるいは本格的に活動する場合は，法人格を取得するのが一般的である。

2-3　目的による分類

　組織を目的によって分類することも一般的に行われている。組織には特定の目的が存在し，その目的に賛同する人々が構成員となり，組織的な活動が展開される。目的は，「営利」または「非営利」で分類されることが多い。

　営利を目的とする法人の代表格が「会社（corporation または company）」である。営利とは，金銭上の利益を求めて，活動することである。このような営利目的の法人の設立・運営は，2005年に会社に関する法律を統合・再編成した「会社法」（2006年施行）の中で規定されている。会社法の中で規定されていないものについては，民法などが適用されることになる[7]。日本国内には，主な会社の種類として，株式会社，合名会社，合資会社，合同会社がある。

　他方，非営利を目的とする法人の種類も多岐に及んでいる。非営利の内容は，教育，環境，福祉など多岐にわたっている。そのような法人の設立・運営を管理するための各種法律が存在し，監督官庁もそれぞれ決まっている。

例えば、東京都内でボランティア活動を行っている組織を法人化するには、「特定非営利活動促進法」(1998年施行)に基づいて、東京都知事(所轄庁)に申請書を提出して、設立の認証を受ける必要がある。

非営利目的の組織の中にも、当然、法人格を有していない組織が存在する。例えば、町内会やボランティア活動などのように公的な目的を組織的に遂行している集まりもあれば、草野球や趣味の活動など私的な楽しみを追求している集まりもある。

2-4 内部組織と組織の連合体

組織の内部や組織の枠を超えて、多様な非公式組織が形成されることは日常茶飯事である。同様に、公式組織も組織の内外で形成されることがある。ある組織が目的を効率的に達成するために、組織をいくつかの内部組織に分割することがある。その一方で、共通の目的を有する外部の組織と協働関係を構築することもある。**図表1－5**は、内部組織と組織連合体の関係を図示したものである。A組織とB組織は単体の組織で、両組織の中には①～③の下位組織が存在している。そして、A組織とB組織は共通の目的を達成するために、協働関係を構築し、組織連合体を形成している状況にある。

巨大化した組織では管理の仕組みを工夫しなければ、組織の効率性が悪化し、迅速性を失うことになる。全体を一括して管理することが困難な場合、組織を部や課などの内部組織に分割したほうが、管理が容易となる。企業の場合は、機能(職能)別あるいは事業部別に組織を分割することが多い。組織内部に複数の下部組織を設置し、各下部組織の役割や責任を明確化することによって、組織全体の目的の効率的かつ確実な達成につながると考えられている。

このような内部組織の中には、法律で設置が義務づけられているもの、あるいは組織内の制度や事情で設置されているものなど多様なものがある。例えば、株式会社は会社法によって社内に取締役会や監査役会などの機関が義務づけられあるいは奨励されている。さらに、組織内部の規約やトップの意思決定によって部署やプロジェクトチームなどが設置されることもある。そ

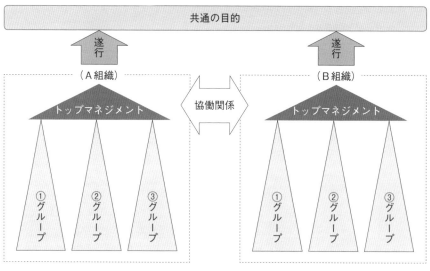

図表1-5■内部組織と組織の連合体

(出所) 筆者作成。

して，ほとんどの株式会社では，組織の分割とそれらの統合（会社組織の再編）を通して，より高度な分業体制を構築し，収益性を高めようとしている。

近年，異なる法人組織が複数集合し，特定の事業を行うことに注目が集まっている。ある目的を単一の法人組織で達成が困難あるいは非効率な場合には，法人組織が連合体を形成し，事業を行うことの重要性が認識されるようになっている。このような連合体の典型的なものとして，営利目的で複数の法人が協働関係を構築している「SCM（Supply Chain Management：サプライチェーン・マネジメント）」や公益目的の「PPP（Public-Private Partnerships：公民連携）」などが挙げられよう。

2-5　日本国内の法人の種類

日本国内では，民法第33条の中で，「法人は民法あるいは他の法律の規定によって成立する」とされている。日本国内にはさまざまな形態の法人が存在するが，すべての法人が特定の法律に基づいて設立されている。具体的な

法人の種類は，世界的な流れを受けた規制緩和や特定活動の推進などによって，社会的ニーズに合わせて柔軟に設置され，多様な法人組織が存在するようになっている。法人の中には，民間部門の会社から公共部門の地方公共団体までさまざまである。さらに，総務省が発行している『公益法人白書』では，民間の法人を「公益」または「非公益」の別と，「営利」または「非営利」の別で4種類に区分している。**図表1－6**は，このような日本国内の法人を分類したものである。法人の種類は法律に基づくものであるが，しかし，ここで示されている区分は必ずしも法律に基づくものではない。

　日本国内において，最も一般的な法人は，会社である[8]。会社は，民間が出資・運営する営利目的の法人である。会社は，会社法を根拠法として，設立，組織，運営および管理などが行われている。会社の種類には，株式会社，合名会社，合資会社，合同会社などがあり，合名会社，合資会社，合同会社を総称して持分会社と呼ぶこともある。

　また，営利および非営利の両方の目的で比較的容易に設立・運営できる法人として一般財団法人と一般社団法人がある[9]。この2つの法人は，「一般社団法人及び一般財団法人に関する法律」によって，一般財団法人と一般社団法人の設立，組織，運営および管理について定められている。一般財団法人と一般社団法人は，比較的容易に設立することができるが，株式会社と違って，剰余金や残余金を設立者や出資者（社員）に配分することができない。社団と財団の違いは，会社の基礎となっているのが，人（社員）なのか財産なのかである。社団は人が集まって結成されたものなので，人の意思が活動方針に重大な影響を与えるが，財団は特定の目的の下に拠出された財産の集合体であるので，人の意思が介在する余地は総じて小さい。現行法では，一般財団法人設立に際して，設立者が拠出する財産およびその価額財産の合計額は300万円以上が必要となる。

　民間法人の中にも，非営利あるいは公益を目的とするものが多数存在する。その代表的なものが，特定非営利活動促進法を根拠法とする特定非営利活動法人（いわゆるNPO法人）である。特定非営利活動促進法は，市民が行うボランティア活動を始めとする社会貢献活動を支援するためのものであり，

図表1－6 ■日本国内法人の種類

目的	分類	法人の種類（根拠法）	根拠法の設立趣旨や目的など
営利		株式会社および合名会社，合資会社，合同会社などの会社（「会社法」）	他の法律に特別の定めがある場合を除いて，会社の設立，組織，運営及び管理について定めている
営利または非営利		一般財団法人と一般社団法人（「一般社団法人及び一般財団法人に関する法律」）	他の法律に特別の定めがある場合を除いて，一般社団法人及び一般財団法人の設立，組織，運営及び管理について定めている
非営利・公益	民間法人	特定非営利法人（「特定非営利活動促進法」）	特定非営利活動を行う団体に法人格を付与し，特定非営利活動の健全な発展を促進する
		公益法人（「公益社団法人及び公益財団法人の認定等に関する法律」）	民間の団体が行う公益目的の事業を公益法人に認定し，当該事業の適正な実施を確保するための措置等を定めている
		学校法人（私立学校法）	私立学校の自主性を重んじ，公共性を高めることによって，私立学校の健全な発達を図る
		特別民間法人（個別法）※特別の法律により設立される民間法人の略	社会保険診療報酬支払基金（社会保険診療報酬支払基金法），農林中央金庫（農林中央金庫法），自動車安全運転センター（自動車安全運転センター法）などがある
		認可法人（個別法）	日本銀行（日本銀行法：財務省），原子力損害賠償支援機構（原子力損害賠償支援機構法：内閣府・文部科学省・経済産業省），農水産業協同組合貯金保険機構（農水産業協同組合貯金保険法）などがある
		その他民間法人（個別法）	宗教法人（宗教法人法），医療法人（医療法），社会福祉法人（社会福祉法）などがある
	公法人	独立行政法人（独立行政法人通則法と個別法）	独立行政法人には，国民生活センター（独立行政法人国民生活センター法：消費者庁）や日本貿易振興機構（独立行政法人日本貿易振興機構法：経済産業省）などがある
			特定独立行政法人には，造幣局（独立行政法人造幣局法：財務省）などがある
		国立大学法人（国立大学法人法）	国立大学を設置して教育研究を行う国立大学法人の組織及び運営について定めている
		特殊法人（総務省設置法並びに個別法）	日本私立学校振興・共済事業団（日本私立学校振興・共済事業団法：文部科学省），沖縄振興開発金融公庫（沖縄振興開発金融公庫法：内閣府・財務省）などがある
		その他公法人（個別法）	地方公共団体（地方自治法）や地方公営企業（地方公営企業法）などがある

（注）　2013年4月1日現在。
（出所）　総務省『公益法人白書（2008年度版）』p.52をもとに作成。

特定非営利活動を行う団体に法人格を付与し，その組織と活動の健全な発展を促進することを目的としている。

　さらに，本格的に公益目的の活動を事業として行う法人も多数ある。その場合，事業分野ごとに個別法が存在し，それに基づき，法人が設立・運営されることになる。その典型が，「公益社団法人及び公益財団法人の認定等に関する法律」を根拠法として設立される公益法人である。公益社団法人及び公益財団法人の認定等に関する法律は，民間の組織が行う公益目的の事業を公益法人として認定する基準や手順を示し，さらに当該事業の適正な実施を確保するための必要な措置等を定めている。その他にも，学校法人（私立学校法第30条に基づいて文部科学省令で定める手続きに従い所轄庁の認可を受けた法人）やその他の民間法人（個別法）なども多数存在する。

　一方，公法人とは，公的な機関によって設立・運営されている法人を指す。中央省庁や地方公共団体のように公的資金でほぼ完全に設立・運営されているものもあれば，独立行政法人のように従来は国の行政機関（省庁）が行っていた事業を，経費削減目的などで行政機関から分離・独立した法人もある。独立行政法人通則法と個別法に基づいて設立・運営されているのが，独立行政法人である。総務省によると，独立行政法人には，国民生活センター（消費者庁）や日本貿易振興機構（経済産業省）など102法人が存在する（2012年4月1日現在）。独立行政法人の中には，国立公文書館（内閣府）や造幣局（財務省）など役員や職員に国家公務員の身分が与えられている特定独立行政法人も8法人含まれている。他の公法人の種類としては国立大学法人（国立大学法人法）や特殊法人（総務省設置法と個別法）などが存在する。

　以上のように，時代のニーズに合わせて法人は設立されてきたが，事業の内容によっては，公的部門が独占的あるいは責任を持って関与しなければならない事業も存在する。そのような事業には公的資金が投入されることが多く，その事業を実施する法人の設立・運営は，厳しい規制下で行われるのが当然の流れとなる。近年，規制緩和の流れを受けて，サービスの質的向上や事業の効率化を目指して，民間で行える事業は民間に任せる気運が高まっている。民間の法人に関しても，国民生活と国民生活に密接に関わる事業を営

む法人は，税制上の優遇措置を受けられる場合や補助金の支給などによって活動が支援されている場合が多々ある。

●注

1　詳しくは，Chester I. Barnard [1938] *The functions of Executive*, Harvard University Press.　山本安次郎・田杉競・飯野春樹訳 [1968]『経営者の役割』ダイヤモンド社，p.75を参照されたい。
2　詳しくは，日本規格協会 [2010]『対訳 ISO 9004：2009〈JIS Q 9004：2010〉組織の維持成功のための運営管理品質マネジメントアプローチ　ポケット版』日本規格協会，p.91を参照されたい。組織に関しては，同書の p.98において「責任，権限及び相互関係を取り決めている人々及び施設の集まり」と定義されている。
3　詳しくは，Peter F. Drucker [1999] *Management Challenges for the 21st Century*, Harper Collins Publishers Inc.. 上田惇生訳 [1999]『明日を支配するもの』ダイヤモンド社，pp.5-45を参照されたい。
4　詳しくは，大橋昭一・竹林浩志 [2008]『ホーソン実験の研究』同文舘出版を参照されたい。
5　本書において，単に「組織」と表記した場合，公式組織を意味している。
6　民法をはじめ，本章で取り扱う各種法令は総務省の「電子政府の窓口　イーガブ」〈http://law.e-gov.go.jp/cgi-bin/idxsearch.cgi〉に掲載されている。
7　会社法と同様に株式公開会社については，金融商品取引法によって規制されることになる。
8　会社に近い形態として，相互会社がある。相互会社は，保険業法に基づいて設立・運営されている保険業を営む法人で，保険の契約者が社員となっている社団である。保険業法において，保険業は，人の生存又は死亡に関し一定額の保険金を支払うことあるいは偶然の事故によって生ずることのある損害を補填することなどを約束し，保険料を収受するものである。したがって，保険の契約者（社員）を保護することを目的として設立・運営されている。しかし，保険契約者（社員）に対して剰余金を分配することも可能となっているので，営利的な側面も否定できない。保険業法の中で，相互会社以外にも，株式会社として保険業を営むことが認められており，大同生命保険株式会社や第一生命保険株式会社など実際に株式会社化した相互会社もある。
9　2002年から2008年の間に中間法人法に基づいて管理組合や業界団体などの中間法人が多数存在していたが，公益法人制度改革によって，中間法人の多くは一般社団法人へと移行している。労働組合や信用金庫など互助・共済を目的とする団体が，現存する中間的な団体であるといえる。

第2章

組織における構造変化

1 組織の成長と進化

1-1 組織のライフサイクル

　人間は，受精後に誕生し，発達段階を経て，成熟し，やがて老人となって死に至る。発達とは，「ライフサイクル」における絶え間ない変化の過程であり，人間の成長や成熟が発達の中心である。成長とは，身長や体重の増大などの量的変化を意味している。そして，成熟は加齢とともに現れる内的な変化のことを指し，持っている力や機能を十分に発揮できるようになることである。発達や成熟に大きな影響を及ぼすのが学習である。学習とは，出生後に受けた外的な刺激や学びを経験や知識として蓄積し，さらには応用していくことである。幼児と大人の行動の違いを見れば，人間の行動が，成長や成熟度合いなどの発達段階によって大きく変化していることは一目瞭然である[1]。**図表2－1**は，人間のライフサイクルの典型的なパターンを図示したものである。

　組織にも，人間と同じようにライフサイクルを当てはめることがある。最初の段階は，組織が誕生するまでの段階である。人間の場合なら，受精後に特別のことをしなくても，無事に一定期間が経過すれば誕生につながるが，組織の場合は，ビジネスの種があったとしても，構成員の勧誘や仕組みづくりなどの作業および法律等で定められている手続きを行わなければ正式に認

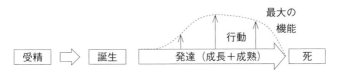

図表2−1■人間のライフサイクルのパターン

(出所) 各種資料より作成。

められない。したがって，組織に関しては，誕生より，立ち上げ，構築，設立など能動的な言葉を用いるほうが適切であろう。

組織進化論の第一人者である米国ノースカロライナ大学のハワード・オルドリッチ（Howard Aldrich）教授は，著書の『組織進化論』の中で，創業者の資質と気質も重要であるが，社会的背景あるいは時代のニーズからより大きな影響を受けることによって，ある種の組織は「その時が来るまで」設立されないことになると指摘している[2]。彼は，組織の設立の背景を以下のように整理している。

① 人々は単独でできないこと（目標）を達成するために組織をつくる。
② 目標を達成できるかどうかは，彼らが利用できる知識や資源によって決まる。
③ 利用可能な知識や資源は時代の展開につれて，そして環境の文脈によって異なってくる。

(出所) Aldrich [1999]（若林ほか訳[2007]）pp.8-11参照。

それぞれの時代における社会的なニーズは，歴史的局面や社会的状況によって変化する。さらに，利用可能な資源や知識の質や量も大きく異なる。社会的なニーズと利用可能な資源や知識が揃っていない状態では，出現しないあるいは継続できない組織がある。

Reynolds and White [1997]は，確立した企業になるまでの道のりで発生する3つの変遷段階を提示している[3]。その過程を図示したものが**図表2−2**

図表2−2■創業期における3つの変遷段階

```
┌──────────────┐
│   一般成人    │
│  (受胎可能)   │
└──────────────┘
      ⬇  変遷段階Ⅰ：事業に関して真剣に考える，あるいは設
              備や機器を探すなどの準備活動を行う。
┌──────────────┐
│  創業期企業家  │
│   (懐胎)     │
└──────────────┘
      ⬇  変遷段階Ⅱ：創業（起業）し，企業家としての活動を
              開始する。
┌──────────────┐
│ 生まれたての企業 │
│   (幼年期)    │
└──────────────┘
      ⬇  変遷段階Ⅲ：「確立」した企業に成長。
┌──────────────┐
│  確立した企業  │
│   (青年期)    │
└──────────────┘
```

(出所) Raynolds and White [1997] をもとに作成。

である。一般成人の中から，「起業（incubation）」の意思を持った者が，具体的な準備活動を開始する。その行為が「変遷段階Ⅰ」となる[4]。そして，この変遷段階Ⅰを経た者は，創業期企業家と呼ばれる。起業の意思を有する者が行動に移すまでの期間は千差万別であるが，実際に準備に着手した者は平均して1年弱で行動に移していると言われている。次に，創業期企業家が起業に必要な準備をすべて終え，新しい企業として活動を開始するのが「変遷段階Ⅱ」である。当然，創業期企業家の中で，実際に変遷段階Ⅱに到達することができるのは一部である。仮に，起業ができたとしても，企業の多くは短命に終わるともいわれる。

創業期企業家が設立した企業の経営が安定し，確立した企業として力強く存続できるようになるのが，「変遷段階Ⅲ」である。実際に，変遷段階Ⅲに到達する企業はごくわずかであろう。しかし，成功した企業として世間の注目が集まるので，巷にあふれているように見えているだけである。

社会にとっても，確立した企業が数多く出現することは，社会のニーズに沿った新たな製品やサービスが生まれ，より活力ある社会が形成されるとい

う意味で望ましい。そのためには，創業期企業家（変遷段階Ⅰに到達する人々）の裾野を大きくする必要がある。産官学が協力して，起業しやすい環境を整備し，ビジネスとして継続できる仕組みづくりも合わせて取り組まなければならない。それらの努力なしでは，変遷段階Ⅲに到達する会社数を著しく増加させることは不可能であろう。

図表2－3は，企業組織に関するライフサイクルを創造性と生産性の視点から整理したものである[5]。この図の中では，組織は，創造性や生産性が低い状態から始まっている。①の矢印は，創造性を向上させ，新製品開発や新しい販売戦略などを生み出すプロセスである。創業当初は，アイデアは創業者などが個人的に生み出すものが多いが，組織が大きくなるとともに，個人のアイデアへの依存が弱くなり，組織的に生み出されるアイデアの比重が増えるのが一般的である。創造性を向上させた結果，品揃えや顧客の裾野が拡大する一方で，組織内において生産性向上のニーズが高まるようになる。

次に，②の矢印は，組織が生産性を上昇させるプロセスである。作業のマニュアル化や手続きの厳格化などによって，ある程度まで生産性を上昇させることができる。生産性が上昇することによって，生産性を伸ばせる余地が次第に小さくなるので，抜本的な変化が望まれるようになる。したがって，生産性が高まった組織においては，将来性を保つために，創造性追求のニーズが高まるようになる。

そして，③の矢印は，創造性と生産性を同時に向上させるプロセスである。組織にとって，創造性と生産性が高い水準で維持されている状態が理想である。創造性と生産性のどちらかが欠けていても，組織にとってさまざまなリスクを抱えることになる。

④の矢印は，創造性，生産性あるいはその両方を失う停滞・衰退パスを示している。組織が高い水準で創造性と生産性を同時に維持するのは大変である。さらに，競争相手の動向や周辺環境の変化などの外部環境によっても，相対的に④の停滞・衰退パスを経験するかもしれない。最悪の場合には，組織の存続が危ぶまれる事態に陥ることになる。

⑤の矢印は，さらなる成長のプロセスである。組織が大きくなることに

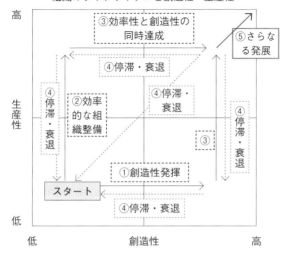

(出所) 十川［2006］p.131をもとに作成。

よって，官僚的な組織になる傾向が強まる。しかし，組織学習などを通してより高い水準の創造性と生産性を同時に満たすことが期待されるようになる。環境変化にも柔軟に対応可能な創造的かつ生産的な組織こそが効率的な組織であり，そのような組織であり続けることが求められている。

1-2 組織の成長に伴う変化

一般的に，組織の発展経緯はさまざまである。図表2－3は，創造性と生産性の2軸上において，組織のライフサイクルを説明しているものである。スタート地点から右方向，上方向，斜め右上方向にシフトした場合，組織はプラスに成長したことになる。それに伴って，構成員の数，品揃えの幅，商圏，売上などが増える傾向にある。

組織規模の拡大に伴って，組織は内部の構造を変化させる必要に迫られるようになる（**図表2－4**参照）。例えば，数人で創業を始めた企業においても，構成員の数が数十あるいは百人程度まで増えた場合には，役割などに基

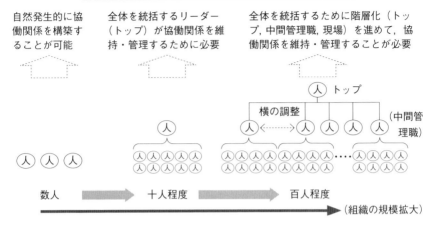

図表2－4■組織の規模拡大と組織構造変化の必要性

(出所) 筆者作成。

づいて組織を細分化し，機能別組織に移行することが一般的に行われる。さらに，規模が拡大すると，外部環境の変化に迅速に対応するために，権限の委譲を含む組織の再編が行われるようになる。事業範囲の多角化が進んだ状態では，組織としての一体感が損なわれやすくなるので，組織横断的なコミュニケーションが必要となる。

外部環境の変化は，組織に対して変化や進化を強いることがある。Aldrich [1999] では，外部環境に大きな変化が発生した際には，目的，境界維持活動，活動システムの組織の3次元を組織的に転換させる必要があるとしている。活動システムは，人的資源，情報，原材料などから構成されているものであり，実際に活動する作業や組織ルーチンなども含まれている。彼は，組織転換について「組織内の大きな変化であり，既存の日常的な組織ルーチンの変化と組織の既存の知識を変える新しい組織能力への移行である」と定義している[6]。

1-3　組織の境界

前述したように，本書では，組織を「共通の目的を遂行するために協働関係にある人々の集まり」と単純化している。この定義に基づけば，ある人が

ある組織の構成員かどうかは協働関係が構築されているかで判断できよう。通常，協働関係の有無が「境界」となる。組織においては，その内か外かで構成員か非構成員かに分類することができる。しかし，実際には，協働関係が構築されていても，一時的あるいは希薄な関係であることも多く，協働関係の有無での分類は難しい。最も簡便な分類方法は所属を確認することであろう。例えば，ある人がある企業との間の雇用契約の有効期間中はその企業の従業員であり，そして，辞令などによって企業内部のある部署への所属が確定する。組織の内外を区分けする境界の働きによって，組織の構成員と非構成員に区分できる。さらに，企業が保有する資源の範囲や抱える責任の内容も明確になる。

　組織が掲げる目的に沿って採択された戦略の内容によって，必要な人材や人数がある程度規定される。壮大な目的を掲げ，それを自らの組織だけで達成しようとすれば，多様な人材と膨大な人員が必要となる。その一方で，壮大な目的を掲げていても，他の組織や最新の技術を有効に活用すれば，少ない人員で目的を達成することも可能となる[7]。

　一般的に，組織の規模が大きくなると，当該組織をいくつかのグループに細分化して管理したほうが効率的である。細分化および階層化が進んだ組織では，グループのリーダーとして「ミドル（中間管理職）」の役割が重要となる。**図表２－５**では，企業のトップが66人の部下をフラットな組織構造と階層的な組織構造で管理している状況を示している。同図の左側は，トップが部下全員を直接管理しているフラットな組織である。このような組織構造では，トップは日常的な管理業務に追われるようになる。ここではトップが忙しすぎて，詳細な指示を全員に正確に伝達することが難しくなる。その結果，簡単な作業あるいは定型的な作業しか指示することができなくなる。それに対して，右側は，日常的な管理業務に関しての権限を「ミドル」（中間管理職）に移譲している階層的な組織である。そのような組織では，トップは日常的な管理業務から解放され，戦略立案やビジョン作成に専念できる。ミドル（中間管理職）が現場に指示を伝達し，進捗状況の管理も同時に行う体系が整備されている。それらによって，現場に複雑な作業を割り当てるこ

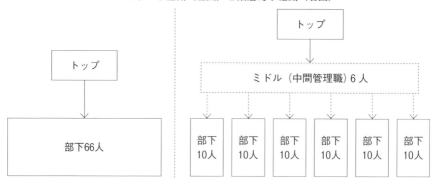

図表2−5■フラットな組織と階層的な組織

(出所) 筆者作成。

とが可能となり，さらに問題発生時には迅速に対応が行えるようになる。

　Massie［1979］は，組織の拡大に伴う，組織内部の細分化および階層化の要因を「統制範囲の原則」（span of control）という言葉を用いて説明している[8]。1人の人間の管理能力には必ず限界があるという基本的な認識に立って，適切に管理できる部下の数には限界があるというものである。当然，1人の人間が適切に管理できる部下の数は，個人的な管理能力や管理手法に加えて，作業内容によっても左右されるであろう。

　境界には内外を区分けする面がある一方で，境界は各種資源が外部から流入する場所でもある。完全に自給自足している人間はほとんどいないのと同様に，ほとんどの組織が内部だけで完結していないのが現状である。**図表2−6**で示しているように，組織は目的を達成するためには，不足している人材や情報などを外部から調達しなければならない。そして，必要に応じて，境界を越え，外部への働きかけが行われる。例えば，製造業の場合は，必要な人員，設備，原材料，部品などを事前に用意しておき，注文や需要予測に基づいて，それらを製品に加工し，外部に販売し，収入を得ている。このように，境界は内外を区分けする役割と同時に，外部との接点でもある。

　境界には保有する資源の範囲や抱える責任の内容を明確にすることによっ

図表2-6■組織における外部とのつながり

(出所) 筆者作成。

て，組織管理の効率化を促す側面がある。さらに，外部から資源が流入あるいは外部へ働きかけを行う場所としての側面もある。組織が行う境界に関する主な意思決定には，以下の3つがある。

(1) 組織の内外を区分けする境界をどの範囲で設定するか。
(2) 組織内部に境界を設定し，どのように細分化するのか。
(3) 境界を通してどのように外部との関わりを持つか。

境界を維持する活動を適切に行うことによって，組織がその目的を効率的に達成できるのかが決まる。組織の掲げる目的によって，適切な組織の規模はある程度規定されるが，組織構造やコミュニケーション手法などの「マネジメント力」が実際に管理できる範囲を左右し，組織の目的の効率的な達成に重大な影響を及ぼすことになる。

1-4 企業家と経営者の役割

「企業家」とは，「営利のため，自ら経営・指揮の任に当たって生産を行う人」のこと（『広辞苑』）[9]。企業家はリスクを冒して会社を運営する人全般を意味する言葉として使用されている。Entrepreneur（企業家）は，「イノベーションの担い手として創造性と決断力を持って事業を創始し運営する個人事業家（事業家として十分に能力を発揮できる人材）」である（『ランダムハウス大英和辞典』）。さらに，類似の言葉として事業家がある。事業家は，

「事業を企てこれを経営する人。また，これに巧みな人。」とされている（『広辞苑』）。

18世紀の前半に，カンティヨン（Richard Cantillon）は，借地農，商人，流通業者，製造業者，サービス業者などが企業家に該当し，給料制の役人などは該当しないと指摘していた[10]。彼の考え方では，出資の規模を問わず，自分でリスクを背負って事業を行う者が企業家となる。類似の考え方をしているのが，経済学者のセイ（Jean B. Say）とミル（John S. Mill）である。セイは，個人の人格と能力が利潤に影響を与えるとして，自然物や他者の所有物を有益な生産物に転換する事業を行う農民，製造業者，商人，クリーニングなどのサービス業従事者が企業家に該当するとし，その一方で単純作業を行う労働者は含まれないとしている[11]。ミルは，企業家の能力を知的活動の資質とし，出資の有無にかかわらず，企業の中でリスクを冒して，指揮・監督・経営の機能を果たす人を企業家としている。さらに，彼は資本家が受け取る利潤は，①利子，②保険料，③監督の賃金などの見返りであるとしている。①の利子は，節欲あるいは制欲の報酬で，欲を抑え，資本を投入した分の見返りのことである。次に，②の保険料は，危険負担の報酬であり，資金を失う可能性がある投資への見返りのことである。そして，③の監督の賃金は，監督の報酬であり，勤労と手腕への見返りのことである[12]。

一方，アダム・スミス（Adam Smith）は，彼の代表作である『国富論』の中で，企業家の役割を，特に，製鉄業や鉱山業などの冒険的事業に資本を投資することであるとしている[13]。しかし，最近では，キャピタル・ゲインを目的とした投機的な動きが激しくなっているので，投資家に対しては，出資の有無や規模だけで捉えるのは適切ではなくなっている。

さらに，ドラッカー[1985]は，「企業家精神（entrepreneurship）」を「気質の問題ではなく行動の様式である」としている[14]。さまざまな気質の人たちが企業家的な挑戦を試み，達成あるいは失敗しているので，特定の気質の問題とは言えないからである。必ず成功につながる方法や行動パターンを特定できるわけではないが，企業家を成功に導く原理の存在は否定することはできない。適切な方法論を豊富に持っている人間が，それぞれの状況に

応じて適切なタイミングで，適切な方法を持って行動をすれば，比較的小さなリスクで成功を収められる可能性が高まる。したがって，企業家にとって重要な行動様式は，多くのことを学んだ上で，適切な意思決定を選択することができるようになることである。

　今日，企業の内部においても，企業家を育成することが重要な課題となっている。環境変化が激しい状況では，企業が固定的な枠組みで最小化あるいは最大化などの最適化を追求し，短期的にはある程度成功しても，将来のリスクを高める恐れがある。不確実な事項に対しても，積極的な意思決定が必要になる。したがって，企業の内部には，起業家以外にも，さまざまなタイプの企業家が必要となる。経営者の役割は，自分がアイデアを積極的に出すことのみならず，周囲の力を最大限引き出し，社内で企業家を育成することである。社内に真の企業家がいなければ，企業はやがて衰退の道を辿る運命にあるといえよう[15]。

2 組織構造

2-1　中央集権的組織

　すでに述べたように，1人の人間が管理できる範囲には限界があり，組織の巨大化に伴って，組織内部を管理可能な単位に細分化し，それぞれをミドル（中間管理職）が管理する手法が採用されるようになっている。したがって，大きな組織ほど，組織の細分化と階層化が進んでいる。

　20世紀の初めに，経営学の世界では，テイラー（Frederick W. Taylor）が生産現場を科学的に管理する手法を導入した。テイラー［1911］の中で，①課業管理，②差別的出来高制度，③職能（機能）別組織が提唱されている。機械技師出身のコンサルタントであったテイラーは，作業を細分化し，それぞれの作業の所要時間を細かく測り，最も能率的に作業を行える手順を設定するための動作研究を行った。動作研究を通して，各作業の標準時間が設定され，1日の課業（達成すべき仕事量）の割り当てが行われるようになった

図表2－7■工場内の職能（機能）別組織

（出所）　各種資料より作成。

（課業管理）。次に，彼は作業が計画通りに進むように，金銭的報酬によって，作業者の動機づけを行う制度を採用した（差別的出来高制度）。具体的には，課業を達成した人には高い賃率に基づく報酬を支払い，達成できなかった人には低い賃率に基づいて報酬を支払うという方法であった。結果として，評価とフィードバック（飴と鞭）による管理を行ったのである。

　そして，「①課業管理」と「②差別的出来高制度」を行うには，管理の仕組みを変更する必要性が生じた[16]。現場の親方的な人間が作業を行いながら，作業手順の設定，仕事の割り当て，作業の指示・監督などを行うことの限界が露呈し，「執行職能（生産現場の監督）」と「計画職能」の分離が進んだのである。**図表2－7**では，工場長の下で，「執行職能」と「計画職能」が区分された。さらに，それぞれの機能の中が職能別（機能あるいは専門ごと）に細分化された。それぞれの職能には職長が配置され，現場の作業員は複数の職長の指示を受けて作業を行うという「③職能（機能）別組織」が構築された。ここでは，軍隊とは異なり，現場の作業員への指揮・命令系統が一本化されていなかった。このように職能別に細分化した組織体制に移行させることによって，各職能に関連する専門的知識の蓄積を促進しようとしたのである。

　テイラー［1911］は，生産部門に限定して議論を展開していたが，**図表2－8**は，一般的な企業全体レベルの機能別組織の一例である。組織の規模が

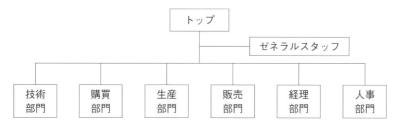

図表2－8■企業における機能別組織の一例

(出所) 十川［2006］p.137 をもとに作成。

ある程度拡大した場合，組織内を部門化したほうが，部門内および組織全体を適切に管理でき，部門内および組織全体として効率的に活動ができるようになるのである。図表2－7の内容は，図表2－8における生産部門の内容に相当する。図表2－7では，末端の作業者（構成員）は複数の職長の指示を受けていたが，図表2－8はピラミッド型の階層構造を形成している。それによって，末端の構成員への指示命令系統が一本化している点が大きく異なるのである。

　職能（機能）別組織は，権限が組織階層の上層部に集中している中央集権的な組織である。組織内の指示・命令は上から下に伝わり，そして下部に位置する構成員が指示・命令されていないことを行う場合には，上司の許可が必要になる。下級の管理者が自主的に行える意思決定の幅は狭く，ここでは意思決定の権限がトップに集中している。権限が集中しているトップを補佐するのが，「ゼネラルスタッフ」である。彼らの役割は，軍隊における参謀に類似し，情報収集やデータ分析を通して，戦略や計画立案などのトップの意思決定を支援することである。通常，ゼネラルスタッフに現場の構成員に直接指示を与える権限は与えられていない。

2-2　中央集権的組織の問題点

　図表2－9のような変遷を経て構築された機能別組織でもいくつかの重大な問題点を抱えている。その中には，機能別組織の構造から生み出されるものがある。具体的には，コミュニケーションの問題に起因する事柄が多い。

図表2-9 ■中央集権的組織への移行

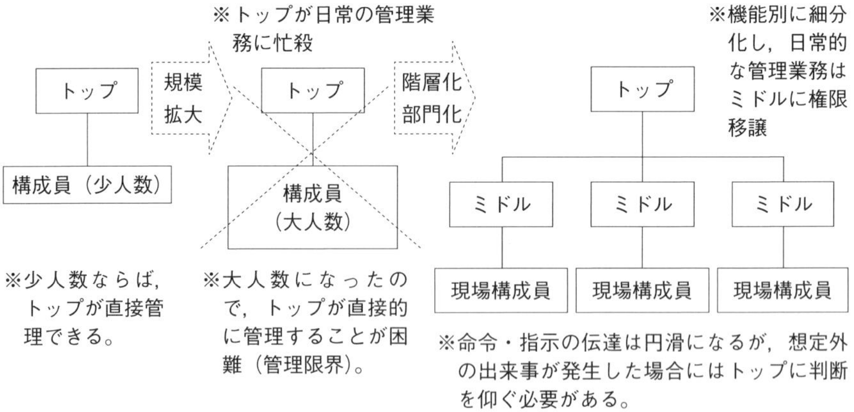

※トップが日常の管理業務に忙殺

※機能別に細分化し、日常的な管理業務はミドルに権限移譲

トップ　──規模拡大──→　トップ　──階層化部門化──→　トップ

構成員（少人数）　　構成員（大人数）　　ミドル／ミドル／ミドル　―　現場構成員／現場構成員／現場構成員

※少人数ならば、トップが直接管理できる。

※大人数になったので、トップが直接的に管理することが困難（管理限界）。

※命令・指示の伝達は円滑になるが、想定外の出来事が発生した場合にはトップに判断を仰ぐ必要がある。

（出所）　筆者作成。

　現場の構成員やミドル（中間管理職）の権限は限られており，その範囲を超えた意思決定を行うことはできない。トップに状況を報告し判断を仰がねばならない事態が発生した場合，トップがその状況を把握し，意思決定を行い，現場に指示・命令が伝達されるまでには，相当の時間や手間を要する場合がある。時間や手間がかかることによって，情報の鮮度が落ち，さらに，情報の歪みが発生・助長されることになる。トップの意思決定に利用される情報に遅れや歪みがあれば，トップが適切な意思決定を行うことは困難になる。

　トップに権限が集中している状態では，現場の構成員やミドル（中間管理職）は，指示・命令通りに，業務を遂行することが主に求められるようになる。しかし，その一方で，現場での創意工夫が減り，現場からの優れたアイデアが組織内に広まらなくなる。そして，現場の構成員やミドル（中間管理職）が高いモチベーションを維持することが困難となる。さらに，ひと握りのトップが責任を伴う重大な意思決定をすべて行っているので，後継者育成の場が限られてしまう側面も否定できない。組織が長期的に存続するためには，後継者の育成が不可欠であるからである。

　これらの構造上の問題は，組織の規模拡大とともに深刻になる。優秀なトップを有する組織でも，大規模化することによって，管理上のさまざまな

問題に直面するようになる。その根本的な原因は，どんなに優秀なトップでも管理能力と時間の制約があり，多様かつ大量の業務を適切かつ迅速に処理し続けることには限界があることである。

　中央集権的組織における権限のトップへの集中は，トップの時間や労力の配分を歪め，組織全体に悪い影響を与えることになる。例えば，トップが日常的な活動の管理や調整に多くの時間が奪われ，トップの最大の仕事である組織のビジョン作成，事業の提示および戦略の構築，そして実施などに十分な時間や労力を割くことができなくなる。

　他方，組織は事業を多角化することによっても，成長することは可能である。機能別組織は単一あるいは少数の事業を抱える組織には有効に機能するかも知れない。しかし，多様な事業を抱える組織には不向きな構造となる。たくさんの種類の事業を行う場合，事業分野によっては，特異な技術や活動内容を行っているものも含まれるようになり，画一的に全事業を管理することに無理が生じるようになる。さらに，多角化が進んだ場合，トップがすべての事業に精通し，適切な意思決定を適宜行うことは，多くの場合困難になることも考えられる。

2-3　分権的組織

　一般的な組織では，組織規模の拡大に伴って中央集権的組織の限界が明らかになり，分権的な組織への移行が始まる。ミドル（中間管理職）や現場の構成員が，状況に合わせて臨機応変に行動できるように，トップに集中していた権限の移譲を要求する声が強まる。権限の移譲に合わせて，責任も付与されるようになり，組織内部の責任体制が明確化される。

　米国の経営学者であるチャンドラー（Alfred D. Chandler, Jr.）は著書『Strategy and Structure』［1962］の中で，20世紀前半に出現した米国の巨大企業の比較研究を行った[17]。彼は，それらの研究を通じて，経営戦略と組織構造について考察し，「組織は戦略に従う」という命題を提唱した[18]。アメリカでは，19世紀の後半に完成した大西洋と太平洋を結ぶ大陸横断鉄道によって，企業の商圏が飛躍的に拡大し，巨大企業が多数出現した。企業の中

には，単に商圏を拡大するだけでなく，シナジー（相乗）効果を活用するために，複数事業を展開する多角化戦略を積極的に採用する企業が増えた[19]。そして，多角化した組織を適切に運営するには，中央集権的組織（機能別組織）から分権的組織である「事業部制組織」への移行が不可欠となった。多角化戦略を遂行するために，組織構造の変更が必要となることから，前述の命題「組織は戦略に従う」が提唱されたのである。

中央集権的組織（機能別組織）から分権的組織（事業部制組織）に移行した事例として有名なのが，デュポン社である。フランス革命後に米国に移り住んだエルテール・イレネー・デュポン（Eleuthere I. du Pont）が，1802年にデラウェア州に設立した化学会社がデュポン社である。1920年頃には，子会社のRepauno Chemical Company（1880年設立）が世界最大のダイナマイト製造業者となった。1935年に，デュポン社のウォーレス博士（Dr. Wallace Carothers）は，世界で初めて合成繊維（ナイロン）を発明し，ストッキングを商品化し，大ヒットさせた[20]。その後も関連分野への多角化を積極的に進めた結果，デュポン社は巨大化し，全体を中央集権的に管理することが困難となった。同社は，巨大化した会社を効率的に管理するために，権限移譲と責任単位の明確化を促進し，本格的な事業部制組織にいち早く移行したのである[21]。

事業部制組織では，技術部門や購買部門などの部署が事業部ごとに配置されているのが特徴的な点である。**図表2－10**は，3つの事業を有する事業部制組織の構造の一例を示している。事業部制組織では，組織を製品別あるいは地域別に事業部を区分けし，市場に近いところで意思決定が行えるような仕組みが整えられている。それぞれの事業部の事業部長は，その運営に際して，幅広い権限が与えられる一方で，自事業部の成果に対して責任を負うようになる。ここでは，各事業部が利益責任単位（プロフィット・センター）として位置づけられている[22]。

事業部制組織では，トップは，日常的な業務活動の計画・管理・評価などから解放されるようになる。それによって，総合的な判断を必要とする重要な戦略策定に専念できるようになる。トップは，各事業部に対して，予算配

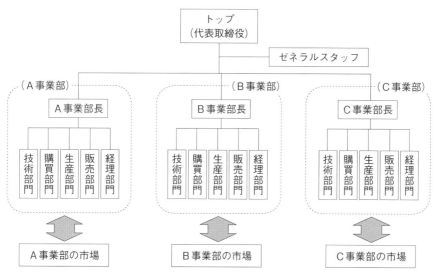

図表2−10■事業部制組織の一例

(出所) 各種資料より作成。

分や業績評価などを通して成果主義的なコントロールを行うことになる。

　事業の幅あるいは商圏が飛躍的に拡大した場合には，中央集権的組織の限界が目立つようになり，それを補うために，事業部制組織への移行が進むようになる。事業部制組織の主な利点としては，以下のようなものを挙げることができる。

(1) 問題が発生した場合に，当該事業部内で迅速に対応できるようになる。
(2) 独立採算制の採用によって，各事業部が採算を改善する行動を積極的に行うようになる。
(3) 事業部ごとの業績を把握できるようになり，事業構成を適宜見直せるようになる。
(4) トップの負担を軽減し，トップが全社的なビジョンや戦略策定に専念できるようになる。

(5) 事業部長にはさまざまな意思決定を行う権限が与えられるので，各事業部が後継者を養成する場所となる。

2-4 分権的組織の問題点

今日，多くの企業が多様な事業を地球規模で行うようになっている。当然，市場ごとに必要な技術や有効な営業方法に大小さまざまな違いがあることは言うまでもない。中央集権的組織では，多様な市場に対して，柔軟かつ迅速に対応することが困難となり，分権的な事業部制組織への移行が行われた。そのような中で，各事業部を利益責任単位（プロフィット・センター）として位置づけ，それぞれの事業部に対して独立採算を求める動きが本格化した。しかし，そのような分権的な事業部制組織においても，構造から発生するいくつかの重大な問題を抱えている。

分権的な事業部制組織の最大の問題は，縦割りの弊害などセクショナリズムに陥りやすくなることである。各事業部に「責任」と「権限」を委譲しているので，各事業部は自事業部の業績を最優先に考え，行動するようになる傾向が強まる。事業部間の競争意識が悪い方向に働いた場合，予算，人，情報などの経営資源の囲い込みが組織内で横行するようになる。事業部の枠組みが事業部間のコミュニケーションを阻害し，組織全体としての協力関係を崩壊させる原因ともなりうる。そのような状況下では，内部資源を十分に活用できない状況が発生し，重複した投資が行われる危険もある。各事業部が独自に利益の最大化（部分最適）を図っても，その結果が全体利益の最大化（全体最適）につながるとは限らない。それどころか，同じ社内に複数の事業を抱えることの意義自体を失うことにもなりかねない[23]。

事業部制においては，上記以外にも大きな問題が考えられる。それは独立採算制であるがゆえに短期志向に陥りやすくなることである。研究開発，人材育成，設備投資などは長期的な視点で行われるべきものであるが，投資の効果は短期間では現れないことが多い。各事業部が短期的な業績を向上させるために，長期的な投資を抑制し，短期的に効果を得やすい経費削減や値引

き販売などが選択されやすくなる。研究開発，人材育成，設備投資などが長期的な視点で行われなければ，将来の事業の運営に支障をきたす恐れがある。さらに，企業が長期的に安定して存続するためには，現時点で稼ぎ頭として活躍している事業だけでなく，将来有望な事業を育てていくことも必要である。

結果として，多角化が進んでいる企業においては，中央集権的な機能別組織による対応では無理が生じるようになり，分権的な事業部制組織への移行が行われるようになる。しかし，このような事業部制組織においてもさらなる組織規模の拡大によって，事業部制組織の弊害が無視できないものとなる。その際に，組織の再編によって，事業部組織の弊害を打破しようとする動きが活発に試みられるようになるのである。

3 組織の再編

3-1 組織横断的な活動

多様な市場動向に適切かつ迅速に対応することを目的として，事業部制組織では事業部が意思決定できる範囲を増やし，当該事業部の責任が明確になっている。しかし，各事業部の利害対立や事業部間の過剰な競争意識によって，会社全体としての一体感が失われることが問題視されるようになる。事業部制組織の弊害を打破し，組織を活性化するためにさらなる組織形態の見直しが必要となったのである。

事業部制組織の弊害を打破するための有効な手段の1つとして，組織横断的な活動を促進するさまざまな試みが行われている。全社的なサークル活動や交流の場を設定することによって，事業部の枠を超えたコミュニケーションを活発化させようとするものである。さらに，事業部をまたぐ人事異動を積極的に行うことも一手段であり，こうしたことは事業部間の障壁を取り除き，組織としての一体感を涵養することにもつながる。その一方で，組織の構造を維持したまま，内部の制度を活用することによっても，事業部制の弊

図表2−11■マトリクス組織の構造

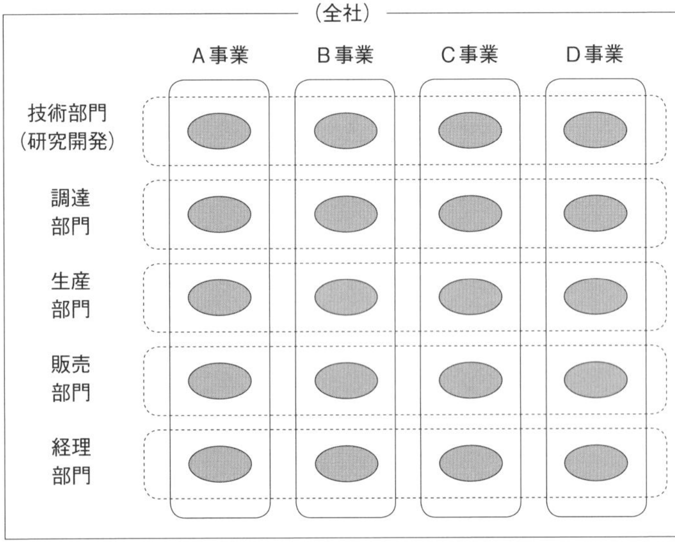

(全社)
	A事業	B事業	C事業	D事業
技術部門 (研究開発)	○	○	○	○
調達 部門	○	○	○	○
生産 部門	○	○	○	○
販売 部門	○	○	○	○
経理 部門	○	○	○	○

(出所) 高橋伸夫編著［2011］p.14をもとに作成。

害をある程度まで抑制することができよう。

　特定の任務を遂行するために組織横断的なグループを編成することが必要な際には，「プロジェクトチーム」の結成が要請されることがある。プロジェクトチームは，製品開発やコスト削減などの特定任務を果たすために設けられる制度である。必要な分野の専門家が幅広く集められ，一時的に，チームを組んで任務を遂行する組織である。歴史上，最も有名なプロジェクトチームは，アメリカ航空宇宙局（NASA）が行ったアポロ計画（Apollo Program）である[24]。有人の宇宙船を月に着陸させるためには，当時の最先端の技術を多様な方面から集める必要があった。プロジェクトチームは，当初の任務を遂行あるいは断念した時点で，解散となる。特定の目的のために組織内から集められた人員は，その任務の完遂後には，それぞれの事業部（部署）に戻ることになる。

　プロジェクトチーム以外にも，組織横断的な活動を意図した組織として，「マトリクス組織」という組織形態がある。マトリクス組織は，プロジェク

トチームと違って，恒常的な組織形態である。マトリクス組織の構造は，**図表2－11**のような形状をしている。縦割り状態の組織に対して，機能という横串を通すことによって，トップの意向を各事業部に反映させることや事業部間のバランスをとることなどを期待するものである。

マトリクス組織では，現場の構成員は，事業部長と機(職)能の2人の長(ボス)から指示・命令を受けることになる。このことによって，現場の構成員が戸惑う事態が発生することが予想される。事業部長からの指示・命令は当該事業部の利益を重視したものが多い一方で，機(職)能の長からはトップの意図や事業部間のバランスを重視したものが多くなる。時には，縦と横からの指示・命令内容が相反する事態が生じることがある。さらに，図表2－11のような整然としたマトリクス組織を組織全体で構築・運営するのは難しい場合が多い。したがって，事業部を超えた連携の効果が大きい経理，調達，研究開発などの機(職)能に限定した部分的なマトリクス構造を採用する企業もある。

3-2　細分化した部門の統合

今日，国内外に事業の多角化が進んだ巨大企業が多数存在している。社内の事業部の数が増え過ぎた場合，マトリクス組織のように，機(職)能による横串を刺すことによっても，各事業部を適切にコントロールすることが困難となる。なぜなら，1人の人間が管理可能な人数と同様に，事業部の数に関しても管理限界が存在すると考えられるからである。さらに，多様な事業を画一的にコントロールしようとした場合，新たな無理や無駄が生まれるのである。

しかし，社内の資源が事業部ごとに細分化されている状態では，社内の資源を最大限活用することはできない。そこで，仮想的に会社を複数に区分する社内分社（カンパニー）制が登場するようになった。「社内分社（カンパニー）制」は，**図表2－12**のように，多数の事業部の中から，比較的類似している事業部を集約して1つの会社のように扱うものである。類似の事業部を集約することによって，各事業部に細分化されていた人材や技術などの資源をある程度組織として活用することができるようになる。これによって，単独の事業部で行うには荷が重かった新製品の開発や市場開拓などにも積極

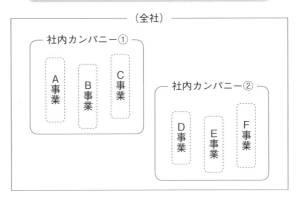

図表2-12■社内分社（カンパニー）制の事例

(出所) 各種資料より作成。

的に取り組めるようになる。

　事業部間の壁が大きい組織では，組織横断的な活動が阻害され，組織の力を十分に発揮できなくなる。そのような場合には，マトリクス組織のように横串を入れることによって，組織横断的な活動を促進させることができる。しかし，抱える事業が増えすぎた場合には，横串でコントロールできる範囲に限界が生じるようになる。そこで，社内分社（カンパニー）制のように，類似の事業を集約してコントロールすることが行われるようになる。それでも，社内分社（カンパニー）制においても，事業部制と同様に，縦割りの弊害をもたらす可能性が依然として残っている。

3-3　外部組織の活用

　規模の拡大とともに，組織には行動の調整が必要な事態が増えてくる。しかし，調整だけでは不十分な場合には，その構造を抜本的に変更することが必要になる。中央集権的組織から分権的組織への移行あるいは横断的な活動を促進するマトリクス組織への移行などは，組織内部の区切り方あるいは運営方法の変更であった。その一方で，組織は一部を別組織に変更することや別組織との連携関係を構築することなどによって，外部の力を上手に活用することも可能である。

組織の一部を別組織に変更することは，さまざまな要因で行われる。最大の要因は，組織の合理化あるいは独立採算の徹底である。巨大な組織の一部が非効率であった場合には，そこから出された欠損は補填（内部補助）される。それによって，当該部門に対して効率化への動機づけが十分に行われないことがある。それに対して，非効率部門を別組織に変更した場合には，甘えがなくなり，改革や改善が行いやすくなり，合理化を徹底することできるようになる。他の要因としては，管理上の負担軽減などもある。巨大組織を管理するには莫大な労力と多大な管理費用が必要となる。特に，事業領域あるいは文化が大きく異なっている事業部あるいは部門間では，水と油のように調和しないこともあり，画一的な管理では無理が生じる。他にも，組織内部で蓄積した知識やノウハウおよび保有する資源を外部で活用するために，組織の枠を超えて，活動できるようにすることなどを目的として組織の一部が別組織に変更されることもある。

　社内の特定部門を別会社（子会社）に変更した場合の変化を図示したものが**図表2−13**である。社内に留まっている場合には，C部門が赤字の部門であったとしても，他のA部門とB部門から損失の補填を受けられ，存続することができる。しかし，別会社に変更された場合には，倒産の危機が生じ，抜本的な改革や徹底した改善努力を誘発しやすくなる。そして，別会社になる前には，会社全体のルールが制約となってできなかったことにも果敢に挑戦できるようになる。さらに，会社の枠を超えた取引を自由に行えることにより，新規の顧客の獲得や経費の削減が進むことも考えられる。とりわけ，運輸部門や情報部門などは別会社に変更されることが多い[25]。その理由は，特殊な勤務体系などが，画一的な管理には馴染まないことに加えて，売上の大きさ（規模）が当該部門の利益と密接に関連するので，外部からの仕事も積極的に受注したほうが得策と考えられるからである。

　ある時点での組織の力では，目的を達成することが不可能な事態は当然存在する。そのような時に，自前で必要な資源を育成するという選択肢と外部の組織を活用するという選択肢がある。スピードやリスク回避が重要視されている今日では，内部で育成するという選択肢は，時間と労力がかかり，大

図表2-13 社内の1部門を別組織に変更する例

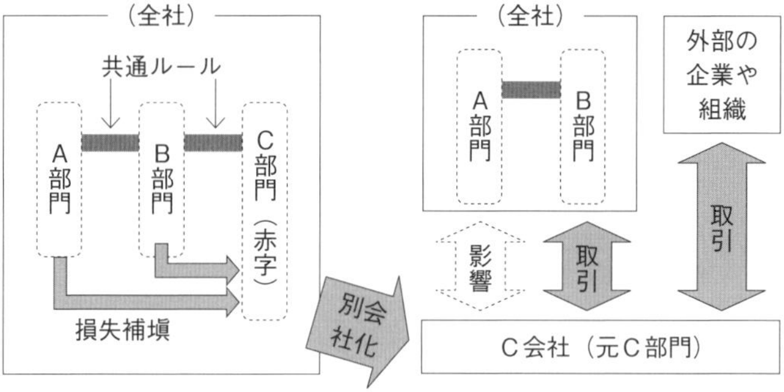

(出所) 筆者作成。

きなリスクを抱えるようになるので，外部の組織を活用するという選択肢が採択される傾向にある。必要な資源やノウハウを持つ組織を自らの組織内部に吸収・合併するという方法が，ビジネスの世界では頻繁に用いられる。しかし，異質の組織を内部に取り込むことによって，両者の文化や慣習の違いなどから摩擦が生じることや吸収した組織の長所を消してしまうケースもあり，このような事態を避けるために，別組織の状態を維持する方策も考えられる。それ以外にも，市場取引（売買）や戦略的提携（strategic alliance）などの契約行為に基づく方法によって，外部組織の力を効果的に活用する選択肢などがある。

3-4 法律に基づく会社組織の再編

会社はそれぞれの状況に応じて，事業譲渡（譲受），会社分割，合併，「グループ経営管理」などを行って，会社組織の再編を行うことがある。このような会社組織の再編は，法律上の手続きに則って進めなければならない。会社法において，会社組織の再編のおおよそが規定されている[26]。特に，グループ経営管理に関しては，市場支配力の過度の集中を防ぎ，公正かつ自由な競争を促進するために，「私的独占の禁止及び公正取引の確保に関する法律」（独占禁止法）によって，制限されている。

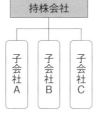

図表2−14■純粋持株会社の例

(出所) 各種資料より作成。

　最初に，事業譲渡（譲受）によるスリム化（拡大）は，会社間の営業財産の一部移転である。例えば，戦略的な観点からある事業部を譲渡（譲受）する意思決定を行った場合には，その事業部の譲渡（譲受）先を探し，その事業関連の工場や設備などの営業財産の譲渡（譲受）を行うことになる。営業財産の移動に伴って，債権等も合わせて移動させることも可能である。

　次に，会社分割は特定の事業や部門を別会社に分離独立させることである。新しく会社を設立し，その会社に，営業財産に加えて，当該部門の権利や権限を移転する。当然，義務なども移転させることは認められている。分社や分割した後でも，親会社がその会社の「株主総会」の総議決権の過半を占めている場合，その会社は親会社の影響下にあるので，子会社とみなされる[27]。

　そして，合併は複数の会社が1つになることである。合併には，大きく分けて，新設合併と吸収合併がある。新設合併では，複数の会社で新たに会社を設立し，他の会社が解散・消滅する。吸収合併では，存続する会社がある一方で，その他の会社は解散・消滅する。

　グループ経営管理とは，グループとして力を最大限発揮するために，資本において親子（親会社−子会社）関係にある複数の会社を統制・管理することである[28]。グループ経営の中心となる会社（本社）は，連結決算書類の作成だけでなく，グループ全体の企画や戦略立案と各企業間の調整などを行う役割を有する。特に，本社の総資産に対して，子会社の株式の取得価額が過半となっている場合には，そのような本社は「持株会社」と呼ばれる[29]。持株会社は保有する資産の状況から，株式の所有を通して子会社を支配すること

を目的とする会社とみなされる[30]。持株会社には,「純粋持株会社」と「事業持株会社」がある。純粋持株会社は,**図表2－14**のような形状をしており,対外向けの生産・販売などの事業をあまり行わずに,子会社の活動を支配あるいは支援することに専念している会社である。それに対して,事業持株会社は,持株会社自身が相当規模の事業を行いながら,子会社を支配している会社である。

3-5　組織構造の変遷

本章では,多様な組織構造とその背景について考察してきた。組織構造の変遷について,整理したものが**図表2－15**である。図表2－15では,会社組織の形態を事業の幅と管理のタイプの2軸から各組織の位置を捉え直している。横軸の事業の幅は,会社が保有する事業の数や多様性を意味している。会社が成長するとともに,事業の幅が多様になる傾向がある。図表2－15では,事業の幅が多様化するのに伴って,中央集権と分権のバランスがどのように維持されてきているのかを示している。

事業の幅が狭い時点では,中央集権的な組織構造で全体を適切に管理することは可能であるが,事業の幅がある程度広がると,中央集権的な構造では,適切かつ迅速に多様な状況（市場）に対応することが困難となる。そこで,

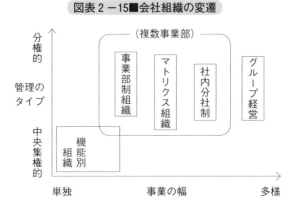

図表2－15　会社組織の変遷

(出所)　筆者作成。

分権的な事業部制組織が登場する。しかし，さらに事業の幅が広がると，事業部制組織の弊害も大きくなり，会社としての一体感を保つために，縦割りの事業部制組織に横串を入れたマトリクス組織が出現する。さらに，事業の幅が一層広がると，横串が長くなり過ぎ，横串で会社全体をコントロールするのに無理が生じるようになる。そこで，社内カンパニー制を採用し，複数の事業部を集約して管理するようになる。それでも，効果的かつ効率的に対応できない場合は，グループ経営管理などが行われるようになる。

　事業部制組織，社内分社制，グループ経営の特徴をまとめたものが**図表２－16**である。マトリクス組織や社内分社制においても事業部は存在するが，事業部制組織という言葉は，一般的に，独立採算を重視した事業部単位に縦割りされた組織構造に限定して用いられていることが多い。事業の数が少ない段階では，事業単位で利益への貢献度合いを正確に算出する必要性が小さく，機能別組織で全体を管理することができる。しかし，事業の数が多くなると，事業部単位で管理するほうが効率的となる。マトリクス組織は，事業部制組織における横断的な活動を強化したものである。マトリクス組織の横串は会社横断的であったが，会社の事業の幅が広がりすぎた場合には，足並みが揃いづらくなる。そこで，社内分社（カンパニー）制を採用し仮想的に

図表２－16■分権的会社組織の比較

項　目	事業部制	社内分社制	グループ経営
損失の補填（内部）	有り	有り	可能（寄付金扱い）
主要評価指標	損益計算書項目（損益）	損益計算書項目（損益）／貸借対照表項目（資産）	損益計算書項目（損益）／貸借対照表項目（資産）／市場価値
内部留保	無し	有り	有り
投資権限	本社	社内分社（利益再投資）	各社
マネジメント基準	同一基準	同一基準	企業別基準

（出所）十川［2006］p.148をもとに作成。

社内を管理しやすい大きさに分割する試みがみられるようになる。社内分社（カンパニー）制はあくまでも内部の組織であり，損失が発生した場合は内部で補塡される。独立採算を徹底する場合には，ある事業を別会社として，グループ経営に移行することになる[31]。

事業部制で評価される主な指標は「損益計算書項目」である。ある事業部が獲得した利益を事業部内に利益を留保することは一般的に行われていない。本社が予算を管理し，事業部が行う投資の意思決定に関与する。その際，事業部に対しては，与えられた条件の下で利益を増加させたかあるいは損失を抑えたかで評価が行われる。それに対して，社内分社（カンパニー）制では，「貸借対照表項目」も主要な評価指標となる。社内分社（カンパニー）制では，獲得した利益の内部留保が認められ，その範囲内での投資などもある程度認められている。それによって，社内分社単位での資産の状況を把握し，社内分社単位で資産を適切に管理し，有効活用しようとする動きにつながる。さらに，グループ経営の場合は，各グループ会社の市場価値も重要な評価指標になる。本社にとって各子会社は別の会社なので，状況に応じて，子会社の株式を売却することも選択肢の1つとなるからである。

●注
1 個人の発達には，①遺伝と環境の相互作用，②「未分化⇒分化（特殊な機能に変化）⇒統合（有機的に連結）」プロセス，③発達の順序性・連続性・関連性，④個人差等が影響するとされている。詳しくは，岡村一成［1996］『人間の心理と行動』東京教学社を参照されたい。
2 詳しくは，Howard E. Aldrich［1999］*Organizations Evolving*, SAGE Publishing Ltd. 若林直樹・高瀬武典・岸田民樹・坂野友昭・板垣京輔訳［2007］『組織進化論』東洋経済新報社，p.109を参照のこと。
3 詳しくは，Paul D. Reynolds and Sammis B. White［1997］*The Entrepreneurial Process*, Quorum Books, pp.163-178を参照されたい。
4 もちろん成人になる前に，起業を行う者も数多くいる。
5 十川廣國［2006］『経営学入門』中央経済社，pp.131-135では，経営学の発展経緯に沿って，創業初期の企業は，個人的な創造性の発揮から始まり，創造性を犠牲にした組織の効率化を経て，効率性と創造性が高い水準で維持されている組織へと移行していくとしている。

6 詳しくは，前掲 Aldrich［1999］若林直樹ほか訳［2007］『組織進化論』p. 246を参照されたい。
7 経営学においては，他の企業と連携しながら，消費者に財やサービスを提供する仕組みのことを「事業システム」と呼ぶ。
8 Joseph L. Massie［1979］*Essentials of Management*, Prentice Hall. 高柳暁・林昇一訳［1983］『エッセンス経営学』学習研究社，pp. 93-94の中では，組織原則として，統制範囲の原則のほかに，指揮権統合の原則，例外の原則（例外的事項は組織の上のほうで意思決定すべき），スカラーの原則（指示・命令は上から下へ流れるべき），部門化の原則と分権化の原則などが挙げられている。
9 起業家は，会社を創業し，自分でビジネスを始めた創業者に限定される。
10 詳しくは，Antoin E. Murphy［1986］*Richard Cantillon, Entrepreneur and Economist*, Oxford University Press, pp. 252-258を参照されたい。
11 詳しくは，Peter F. Drucker［1985］*Innovation and Entrepreneurship*, Harper & Row Publishers. 上田惇生訳［2007］『イノベーションと企業家精神』ダイヤモンド社，pp. 13-15を参照されたい。
12 詳しくは，西岡幹雄・近藤真司［2002］『ヴィクトリア時代の経済像』萌書房，pp. 33-39を参照されたい。
13 詳しくは，Adam Smith［1776］*An Inquiry into the Nature and Causes of the Wealth of Nations*, Random House Inc. 山岡洋一訳［2007］『国富論（上）』日本経済新聞社，p. 323を参照のこと。
14 詳しくは，前掲 Drucker［1985］上田惇生訳［1999］『明日を支配するもの』p. 3を参照されたい。
15 終身雇用や年功序列がベースとなっている日本企業では，真の企業家の出現が難しく，将来の活力のためには新たな育成手法が必要となるものと考えられる。
16 当時の米国の生産現場においては，作業を請け負った親方が職人を引き連れて仕事を履行する内部請負制度が主流であったといわれる。
17 Alfred D. Chandler, Jr.［1962］*Strategy and Structure*, MIT Press. 有賀裕子訳［2004］『組織は戦略に従う』ダイヤモンド社，が研究対象としたのは，デュポン，ゼネラルモーターズ，スタンダード・オイル，シアーズ・ローバックであった。ゼネラルモーターズは，1908年に William C. Durant がミシガン州 Flint に設立した後，Buick, Chevrolet, Cadillac など多数の自動車メーカーを買収しながら成長を遂げた。スタンダード・オイルは，1880年に John D. Rockefeller がオハイオ州に設立した石油会社で，石油精製所の買収を繰り返し，全米で消費される石油の90％を精製した時期もあった。シアーズ・ローバックは，1893年に Richard W. Sears がシカゴに設立した会社で，カタログ販売や百貨店展開などで1980年頃までは全米最大の小売業者であった。
18 詳しくは，前掲 Chandler［1962］有賀裕子訳［2004］『組織は戦略に従う』pp. 128-131を参照されたい。チャンドラーの命題に対して，アンゾフは「戦略的な組織文化」を提唱し，組織が戦略に与える影響を指摘している（Ansoff［2007］中村元一訳［2007］『アンゾフ戦略経営論─新訳─』中央経済社，p. 144）。組織が成長する過程において，戦略に合わせて，組織の構造を変えることが必要になると

きがある一方で，成熟過程にある組織では，安定した力を発揮するために，組織の構造に合った戦略を採用することが多くなる。しかし，行き詰まりを感じた場合には，組織構造の変更を伴う戦略を採用することもある。
19 シナジー（相乗）効果とは，単一企業が複数の事業活動を行うことによって，複数の企業が個別に行うよりも大きな成果が得られる効果のことで，結合効果とも言われる。
20 詳しくは，デュポン社のホームページ〈www2.dupont.com/Phoenix_Heritage/en_US/index.html〉を参照されたい。
21 日本では，松下幸之助が1933年に松下電器産業（当時は松下電気器具製作所）に事業部制組織を導入したといわれる。
22 各事業部の業績を適切に評価するには，社内（事業部間）の取引も売上やコストとして算定することが必要となる。主な算定方式はコスト・プラス方式と完全な市場価格に基づく方法である。コスト・プラス方式では，実際の原価に事業部の一定の利益率をプラスして価格を計算することによって，社内取引の費用や売上を算定する。他方，市場価格に基づく方式では，市場価格を基準に振替価格を算定する。
23 社内の事業部の数が増加した場合，会社全体あるいは事業部内において手続きを効率的に進めるために，手続き（ルール）重視の風潮が蔓延するようになる。その結果，会社全体および事業部内で硬直的な事業運営が行われることも考えられる。
24 アポロ計画は，人類を月に送るために1961年に決定され，1972年まで続いた。1969年に有人宇宙船のアポロ11号が月面への着陸に成功した。
25 会社法では，議決権の過半数を特定の会社に保有されている会社，あるいは特定の会社が支配権を有すると法務省令で認められた場合の会社を「子会社」と呼ぶ。
26 詳細は，会社法第7章第467条〜470条を参照のこと。
27 会社法第2条（定義）において，子会社（第3号）と親会社（第4号）は，以下のように定義されている。子会社は，「会社がその総株主の議決権の過半数を有する株式会社その他の当該会社がその経営を支配している法人として法務省令で定めるものをいう」，そして親会社は，「株式会社を子会社とする会社その他の当該株式会社の経営を支配している法人として法務省令で定めるものをいう」と規定している。
28 詳しくは，林昇一・浅田孝幸［2001］『グループ経営戦略』東京経済情報出版を参照されたい。
29 「私的独占の禁止及び公正取引の確保に関する法律」（独占禁止法）の第9条第4項において，持株会社は，「子会社の株式の取得価額（最終の貸借対照表において別に付した価額があるときは，その価額）の合計額の当該会社の総資産の額に対する割合が100分の50を超える会社」とされている。
30 持株会社を設立する方法として，株式交換（独立した2社があった場合に，一方の株式をすべてもう一方に移転し，子会社にする方法）による子会社化，あるいは株式移転（会社を新設し，既存の会社の全発行株式を新設会社に移転）によるグループ化などがある。
31 グループ経営の場合には，親会社あるいは子会社の損失を他のグループ企業が補填する行為は寄付とみなされ，補填した会社の経費とは認められない。

第3章

組織のマネジメント

1 個人と組織の意思決定

1-1 組織内の人間像

　人間の行動を予測できる範囲や精度には限界がある。過去の出来事や人々の行動パターンを参考にすることによって，個人の行動や社会の動向をある程度までなら予測することができるであろう。しかし，同じような状況下にある人々は，必ずしも同じように行動するわけではない。したがって，人間の行動には，置かれている状況にも影響するが，個人差も重要な働きをする[1]。

　人間には常に何らかの欲求があり，それを満たすために，何らかの行動を行う。人間の行動の根源にある欲求は，個人の気質や置かれている状況などによって，大きく異なる。**図表3−1**はマズロー（Abraham H. Maslow）の「欲求段階説」を図示したものである。マズローは人間の欲求を，生命維持に不可欠な「生理的欲求」，危険回避に関する「安全・安定への欲求」，就職や結婚など社会的な「所属・連帯への欲求」，集団の中で尊重されたいという「自我・自尊の欲求」，自分の潜在能力を発揮したいという「自己実現への欲求」の5つに区分し，それらが階層をなしているとしている。低次の欲求が満たされると，より高次の欲求が現れ，満たされた欲求は支配的ではなくなるとされている[2]。

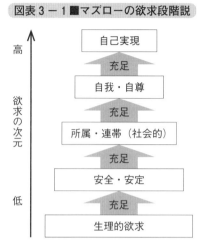

図表3－1　マズローの欲求段階説

(出所)　各種資料より作成。

　それに対して，伝統的な経済学では，個人は完全競争市場に関する仮定の下で合理的に行動すると考えられている。完全競争市場では，一般的に以下の5つの仮定が設定されている。

(1) 製品の均一性：市場で販売されている同じ種類の製品はすべて同質である。すべての企業が生産・販売している製品に差はなく，価格が重要な意味を持つ。
(2) 完全情報：企業も消費者も価格や品質などについて完全な知識を持っている。市場で販売されている同じ種類の製品はすべて同質なので，消費者は最低価格で購入しようとする。
(3) 原子性：多数の企業と消費者が市場で活動しているので，誰も強い影響力を発揮することができない。市場での販売価格を操作できる主体は存在せずに，全員が価格を所与として行動する（プライステイカー）。
(4) 平等アクセス：すべての企業が技術情報や資源を平等に利用できる。同じ製品を製造・販売するすべての企業の生産技術や生産費用

> は同じになる。
> (5) 市場への参入・退出が自由：上記の完全情報や平等アクセスに基づいて需給の調整が行われる。供給不足ならば参入企業が現れ，供給過剰ならば企業が退出し，需要と供給が均衡するようになる。

　このような人間像は「経済人」と呼ばれる。しかし，この完全競争市場の仮定には，非現実的な部分が数多くある。例えば，需要と供給が常に均衡するように，タイムラグなしで新規参入と退出が迅速に行われ，新規参入した企業が同じ費用で同質の製品を生産可能であるとされている。さらに，すべての企業や消費者が市場に関して完全な知識を持っていると仮定されている。

　それに対して，サイモン（Herbert A. Simon）は，実際の人間が経済人のように完全に合理的に意思決定することについて疑問を呈し，著書『経営行動』［1967］の中でより現実的な人間像として「経営人」を提唱している。実際の人間は，限られた情報や知識の範囲の中で合理的に行動し，最適基準ではなく，「満足基準」によって意思決定を行っていると論じた[3]。

　組織内の人間の意思決定や行動を研究する組織行動学は，行動科学の1分野である。Robbins［2005］によれば，個人の心的側面を扱う心理学，集団について扱う社会学や社会心理学，さらに集団や組織と関連する人類学や政治科学などを基礎として，組織行動学の研究が進められてきた。当然，研究分野によって研究目的は大きく異なる。心理学なら，個人の心的過程（内面）を解明すること，社会学なら社会的な現象となる行動の背景（認識と概念）を明確化すること，経営学なら組織の業績向上に向け有効な手法を確立することなどが主たる研究目的となる。個人および集団の意思決定を科学的に研究し，行動に関する法則性を解明しようとする学問が行動科学である。行動科学とは，客観的な方法で収集したデータや経験的証拠に基づいて，人間の行動に関する一般的法則を解明することである。経営学の分野では，コミュニケーションや意思決定メカニズムを踏まえて，優れたリーダーシップやチームワークを引き出す仕組みづくりに焦点が当てられている。

1-2　人間関係の影響

　個人が行う意思決定には，親子，兄弟，親戚，友達，隣人，同僚など身近な人間に加えて，社会や文化あるいは地域性などの影響も強く受ける。身近な人間および社会や文化が，個人の意思決定の内容に直接影響を及ぼすこともあれば，個人の属性に影響を与えるなど意思決定に間接的に影響を及ぼすこともある。逆に，個人の意思決定が，家族や組織などの集団あるいは社会や文化に影響を及ぼすこともありうる。

　一方，多様な人間関係が個人の属性や意思決定に影響を及ぼしている。それらを対人関係として整理したものが，**図表3－2**である。図表3－2では，相手との対人関係を組織間の関係（勢力関係）あるいは個人同士の関係（情愛的関係）として捉えるかで最初に区分している。個人同士の関係においては，相手への態度は，認知的成分，行動的成分，感情的成分などによって決まるとされている。はじめは感情で態度が決まったとしても，行動を通して，対人認知や対人関係認知が深まった場合，認知的成分の影響を強く受けるようになる。

　次に，**図表3－3**は，対人関係を相手との上下関係と相手への感情の2軸

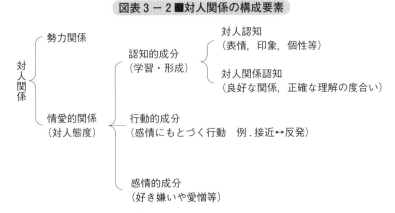

図表3－2■対人関係の構成要素

(出所)　森田[1984] p.84をもとに作成。

で捉えたものである。垂直方向は勢力関係軸（支配↔服従）で，相手との上下関係を現している。そして水平方向は情愛的関係軸（受容↔拒否）で，相手に対する感情を現している。厳然たる上下関係が存在している場合でも，拒否されている関係より，受容されているほうが間柄は良好となり，管理なども容易となる。

　職場の人間関係に関しては，米国ウェスタン・エレクトリック社のホーソン工場での実験に端を発する「人間関係論」の研究が有名である。1920年代の米国では，テイラーの科学的管理法が普及していた。その中で，メイヨー（George E. Mayo）らが，作業条件と生産性の関係を実証する目的で，照明の明るさ，休憩回数や時間，軽食の提供などの作業条件を変更し，組立作業の成果を1924～1932年にわたって測定した。しかし，作業条件と生産性との間に明確な因果関係を確認することできなかった。そこで，原因は他にあるとして，被験者の面接調査の結果から，非公式組織を含めた職場の良好な人間関係が職務満足や生産性の向上につながると結論づけた[4]。

　マクレガー（Douglas McGregor）は，彼の著書『企業の人間的側面』［1960］の中で，人間は命令（強制）と金銭だけで高い生産性を達成・維持できるのかを疑問に感じ，「X理論」と「Y理論」を提唱した[5]。X理論は命令統制に関する伝統的見解であり，テイラーが想定した人間観に基づいている。人間は本来怠惰であり，自ら進んで仕事をしようとしないので，人間は強制あるいは金銭的な報酬（飴と鞭）によって働くとされている。それに対

図表3-3■2次元で捉えた対人関係の例

（出所）　森田［1984］p.84 をもとに作成。

して，Y理論は従業員の仕事に対する姿勢は，個々の目標と企業目標を統合したものであり，前述したマズローの欲求段階説に基づく人間観を基本としている。人間は，「生理的欲求」や「安全に対する欲求」などの低次の欲求だけでなく，「社会的欲求」，「自我の欲求」，「自己実現の欲求」などの高次の欲求によっても動機づけられる。その結果として，仕事を自発的に行うとされている。生活が豊かになった現代社会では，X理論の限界が露呈し，Y理論のほうがより重要性を増してきている。

1-3　組織と個人

前述したように，バーナードは組織を「意図的に調整された人間の活動ないし諸力のシステム」と定義し，組織成立に不可欠な3要素として，①共通の目的，②コミュニケーション，③貢献意欲を挙げている（Barnard [1938]）。共通の目的を有する構成員を集め，その目的達成に向け彼らから貢献を引き出せるようにすることが必要となる。その際，コミュニケーションが構成員を集め，貢献を引き出すのに重要な役割を担っている。

組織の目的と構成員の目的が，完全に合致することは稀である。重要なことは，組織の目的達成に向けて，構成員から必要な貢献を得ることである。**図表3－4**は，組織と個人の目的の重なり具合を図示したものである。組織と構成員の目的が重なっている部分が多いほど組織運営を円滑に進めることができる[6]。したがって，組織の目的に沿った人間を集めること，あるいは，

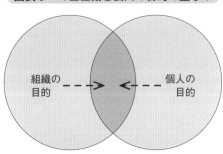

図表3－4　組織と個人の目的の重なり

（出所）　各種資料より作成。

両者の重なる部分が増えるように，教育や研修などを実施することが有効と考えられている。

組織の有効性については，組織が目的達成度合いから得られる満足と，個人が作業内容や報酬等から得られる満足の合成したものと仮定すると，組織と構成員が目指している方向性が同じであれば，同じくらいのやる気や労力でも組織の有効性は高くなる。組織と構成員の目指している方向性が大きく異なるときには，同じくらいのやる気や労力でも組織の有効性は低くなる。このような関係を図示したものが**図表3－5**である。構成員の目指している方向性を組織の目指している方向性に近づけることに成功できれば，組織の有効性が高まるのである[7]。

図表3－6は，個人と組織の関係を示している。社会・組織・個人は相互依存関係にある。個人が会社などの組織に属することを望んだ場合，採用過程を経て，その組織の一員として活動することとなる。通常，採用当初から即戦力として働くことは難しいので，順応・発達過程が必要となる。組織全体の業績を向上させるためには，各構成員の能力を高め，それが発揮しやすい環境づくりを事前に準備しておかなければならない。教育・研修やリーダーシップを通して，従業員の目指す方向性や意思決定のメカニズムなどに働きかけ，組織にとって必要な能力を身につけさせ，望ましい行動を円滑に導き出せるように体制を整備しておくことが不可欠である。

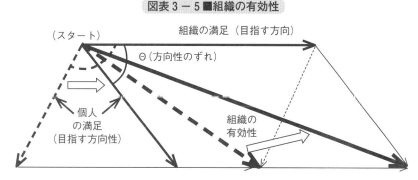

図表3－5■組織の有効性

(出所) 各種資料より作成。

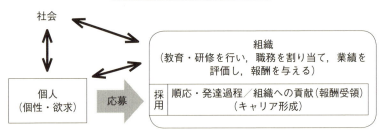

図表3-6■個人と組織の関係

(出所) 各種資料より作成。

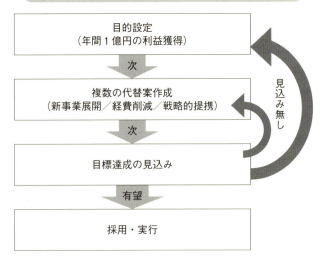

図表3-7■組織の満足基準による意思決定プロセス

(出所) 各種資料より作成。

　組織の意思決定プロセスにおいても，個人の場合と同じように，満足基準による意思決定プロセスを当てはめることができよう。**図表3-7**は，組織における意思決定プロセスを図示したものである。目的設定後，その目的達成に向けた代替案を複数作成し，目的達成の見込みの高い代替案があればそれを採用し，実行に移す。しかし，目的達成の見込みの高い代替案が見当たらない場合には，さらなる代替案を作成する必要がある。いくら代替案を探

しても，見込みの高い代替案を見つけられなければ，設定した目的自体を考え直すことになる。組織にも探索能力と時間・費用に限界があるので，有限の選択肢の中から特定の条件を満たしたものを採用せざるを得ない。したがって，組織の場合でも，個人と同様に，最適基準での意思決定というより，満足基準での意思決定が中心となるものと考えられる。

2 組織全体としての戦略

2-1 活動領域の定義と設定

組織は具体的な活動を開始する前の準備段階として，活動領域を設定する必要がある。活動領域は「ドメイン」（domain）などとも呼ばれ，企業などの組織が活動する対象範囲を意味している。有名な活動領域の設定の事例は，1977年に NEC の小林宏治会長が米国アトランタ市で開催された「インテルコム '77」でのキーノート・スピーチ（基調講演）である。そこで述べられた NEC の活動領域の定義が「C&C：Computer & Communication」であった。それによって，NEC ではコンピュータと通信の融合を新機軸とした事業展開を組織一丸となって行われるようになったのである[8]。

活動領域の定義は，組織にとって重要な意味を持つものである。活動領域は，現在の事業領域だけでなく，将来手掛ける可能性のある潜在的な活動領域をも示すことができるのである。現在の活動領域に限定している狭い物理的な定義では，将来の進むべき方向性を見出すことは困難である。組織の活動領域を，どのような機能を提供するのかあるいはできるのかという視点で捉え直すことによって，将来の方向性に重要な示唆を得ることができる。他にも，事業領域を「市場」と「技術」という2軸から定義する考え方や顧客層，技術，顧客機能（満足させるべき顧客ニーズ）の3次元から捉える考え方などもある。

大滝他［1997］は，有効な活動領域の定義の条件として，以下の4つの要件を提示している[9]。

> (1) 適度な広がりを持ち，
> (2) 将来の発展方向を視野に入れたものであり，
> (3) 自社が形成すべき中核能力を規定し，
> (4) 企業内外の人々の共感を得られる納得性を有する。

　実際に設定される活動領域には，ある程度の柔軟性が含まれていることが望ましい。環境変化の激しい現代社会においては，固定的な活動領域の設定はリスクとなる可能性がある。したがって，企業を取り巻く経営環境の変化に合わせて，活動領域を柔軟に設定し直せるように定義することが有効となろう。

2-2　戦略の階層性

　『広辞苑』によれば，戦略とは「戦術より広範な作戦計画。各種の戦闘を総合し，戦争を全局的に運用する方法。転じて，政治・社会運動などで，主要な敵とそれに対応すべき味方との配置を定めること。」とされている。戦略は，文字通り戦いに関する用語である。戦略は，敵の存在を前提に，できるだけ確実かつ効率的に勝利するための策を大局的に立案することである。戦略は，戦闘や戦術の上位概念として位置づけられている。戦闘は，戦術に沿って行われ，実際に戦場で敵と戦う行為である。それに対して，戦略は大局的かつ長期的な視点で，誰と，いつ，どこで，どのような準備をしてどのような戦闘を行うかなどを決める行為である。

　組織が目的を確実かつ効率的に達成できるかは，立案した戦略によって決まることが多い。企業の場合は，競合相手がいるので，戦略という言葉がイメージしやすい。しかし，独占企業や行政機関などの場合は，敵や競争相手が存在しないことがある。その場合でも，販売あるいは奉仕の対象である顧客を仮想敵とみなし，どのようにすれば，販売あるいは奉仕を行えるかを考えれば，戦略という言葉はイメージしやすくなる。

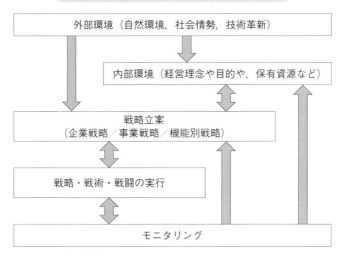

(出所) 各種資料より作成。

　図表3－8は，企業における戦略の形成と実行プロセスの大枠を表現したものである。企業においては，「外部環境」と「内部環境」を総合的に判断して，戦略が立案される。マクロ的視点あるいは産業レベルの環境から自社の機会と脅威を考察し，自社の内部環境に照らし合わせて，有望かつ実行可能な戦略を策定し，実行に移す。当然，実行段階や実施後に戦略あるいは戦術の修正や撤回などが必要になることもある。組織は，外部および内部の環境の変化だけでなく，実行段階の状況や実行結果を正確に把握し，戦略や実行方法を柔軟に変更できるようにしておかなければならない。特に，最近では，PDCA（Plan-Do-Check-Action）サイクルからの分析が加えられることが多い。

　組織の準備段階における重要な意思決定は，活動領域を定義し，どのような事業を保有するか，あるいは手放すかを決めることである。企業の場合は，このような意思決定を「全社戦略」あるいは「企業戦略」と呼び，**図表3－9**で示しているようにどのような事業をいくつ保有するかを決定することである。組織の保有する人材，設備，資金，技術，情報などの資源は有限である

図表3−9 企業戦略のイメージ

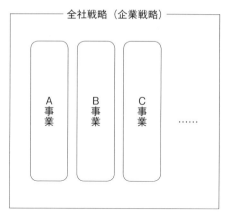

(出所) 各種資料より作成。

図表3−10 事業戦略のイメージ

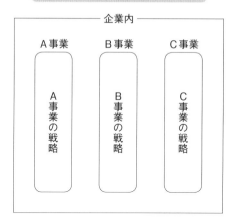

(出所) 各種資料より作成。

ので,取り組む事業の範囲を特定し,各種資源の配分が行われる。このような活動領域の定義や対象事業の特定が,トップマネジメントの重要な役割であり,企業経営の意思決定にも反映されなければならない。

次に,複数の事業を行っている場合は,すべての事業に対して画一した戦略を用いることより,事業ごとに適した事業戦略を立案・実行するほうが効

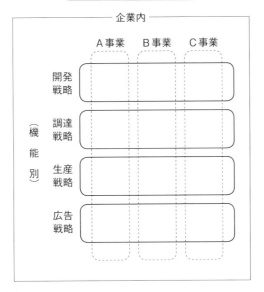

図表3－11■機能別戦略

(出所) 各種資料より作成。

果的となることが多い。企業の場合なら，事業単位で市場における競争優位が求められるので，「競争戦略」とも呼ばれる。**図表3－10**のように，組織内において，事業単位で事業戦略（競争戦略）が立案され，それぞれの事業が最適な戦略を用いて最大限のシナジー効果を発揮されることが求められる。

「機能別戦略」とは，開発，調達，生産，マーケティング，人事，財務などの水平方向の各機能（業務）単位で立案された戦略である。中央集権的な機能別組織においては，全社戦略の下で，各機能の役割を最大限に果たすことが求められる。それに対して，分権的な事業部制組織においては，組織内でいくつかの機能が重複するようになる（**図表3－11参照**）。そのような状況では，組織としてのまとまりが悪くなる恐れがある。しかし，複数の事業にまたがる機能の力を有効に活用することができれば，組織全体の足並みを揃え，無駄な投資を抑制し，組織全体としての強みを強化することが可能となる。このように機能別戦略には，個別機能の力を発揮することと組織全体を調整することが求められている場合がある。

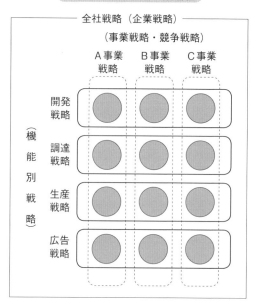

図表3-12 戦略の階層性

(出所) 各種資料より作成。

図表3-12で示されているように,組織内には多様な戦略が存在する。このような戦略を整理した場合,最上位に位置するのは,組織の活動領域と保有事業を定める全社戦略(企業戦略)である。次に,各事業単位の戦略である事業戦略(競争戦略)と機能別戦略が位置する。事業戦略と機能別戦略に関しては,事業および機能ごとに戦略が立案されることがある。しかし,これらの戦略は独立に策定されていては,組織としての意味がなくなる。通常,事業間のシナジー(相乗)効果や各機能の力量を考慮して,全社戦略,事業戦略,機能別戦略が総合的に立案されることが望まれる。

2-3 多角化戦略

多くの場合,組織の運営が軌道に乗ると,収益の拡大を求めて事業の幅を広げる多角化が選択される場合がある。環境変化の激しい時代では,既存の事業を堅実に行うだけでは,大きなリスクを背負うことになる。そこで,環

図表3−13■アンゾフの成長ベクトル

		製品やサービス	
		既存	新規
市場やミッション	既存	市場浸透戦略	製品開発戦略
	新規	市場開拓戦略	多角化戦略

中央に「拡大化」の領域がある。

(出所) Ansoff［1979］（中村元一監訳［2007］）p.305をもとに作成。

境の変化を予測し，乗り越えるために，事業の幅に関しても戦略的な意思決定に関する考察が加えられてきた。

　Ansoff［1979］は，「成長ベクトル」を提示し，事業範囲拡大による企業成長の方向性を4つに分類している（**図表3−13参照**）。アンゾフの成長ベクトルは，製品・サービスおよび市場・ミッションの2軸から構成されている。採りうる代替案をそれらの2軸上で既存か新規かで区分し，比較・評価する分析ツールである。目指す成長の方向性が定まっていれば，製品やサービスあるいは市場やミッションを変更するべきかを絞り込むことができ，整合性の高い戦略を容易に策定できるようになる。

　経営学では，既存の市場において既存の製品やサービスに重点を置く戦略を「市場浸透戦略」と呼んでいる。当該市場において当該製品やサービスが十分に普及していない場合や，ライバルからシェアを奪える見込みがある場合には，市場浸透戦略は有効に機能しやすい。ここでは，新しい顧客の獲得（市場シェア拡大を含む）あるいは既存の製品やサービスの購買・利用頻度，数量の増加などを目指すことになる。

　既存市場において新規の製品やサービスで勝負することは，「製品開発戦略」である。現在の市場に新技術を活用あるいはデザインなどを変更した新製品やサービスを導入することで，需要を刺激しようとするものである。便

利な新機能やサービスを追加することによって，その製品やサービスを購入・利用していなかった消費者や利用者の採用につなげること，あるいは，採用者や利用者の買い替えや利用・使用頻度の増加を促すことを目指している。

　新しい市場において既存の製品やサービスで勝負することは，「市場開拓戦略」である。既存の製品やサービスを別の用途で活用することを促進し，新しい市場を開拓しようとするものである。製品の小型軽量化や頑健化などが進んだ場合などに，当初は想定していなかった新たな使い道で使用されるようになることがある。市場浸透，製品開発，市場開拓は，既存の市場あるいは製品さらにはその両方を基本としてさらなる成長を目指しており，「拡大化」とも呼ばれている。

　それに対して，新規市場において新規の製品やサービスで勝負することは「多角化」と呼ばれる。多角化には関連多角化と非関連（コングロマリット型）多角化がある。関連多角化は顧客や技術面で既存事業と関連する事業に展開することで，ノウハウの活用やシナジー（相乗）効果を期待できるが，弱点を共有するというリスクがある。そして，非関連多角化は，既存事業と関連性のない事業に進出することである。ここでは，ノウハウのない事業を展開することによって収益性を低下させる恐れがある。その一方で，関連性のない多様な事業を抱えることで，すべての事業が同時に衰退するリスクを軽減し，予想外の変化への対応力を高める効果もある。

2-4　事業構成の見直し

　企業経営において，事業の数が増えすぎた場合，事業の「選択」と「集中」によって，事業構成の見直しが必要になるケースも多い。このような事業構成の見直しが本格的に行われ始めたのが，1980年代の米国であった。米国では，1960年代にM&A（Merger and Acquisition：合併・買収）ブームが起こり，多くの巨大企業で非関連（コングロマリット型）多角化が急速に進んだ。そのような中で，1980年代に日本企業が安価で高品質の製品によって，米国市場に輸出攻勢をかけるようになった。米国企業は，日本企業に対

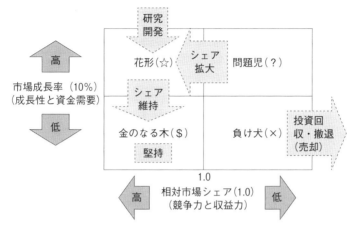

図表3－14 PPMによる事業構成のマネジメント

（出所）高橋伸夫［2006］p.63をもとに作成。

抗するために，効率的な事業管理の必要性を痛感するようになった。そこで，将来性のある事業を育成・堅持しつつ，膨れ上がった事業の一部を切り捨てる手法に注目が集まったのである。その代表的な手法がボストン・コンサルティング・グループ（BCG）が開発した「PPM（Product Portfolio Management：事業構成マネジメント）」である。

PPMでは，図表3－14で示されているように，各事業を①相対市場シェア（競争力や有効性の指標）と，②市場の成長率（将来性の指標）で評価している。それによって，組織全体としての事業構成を戦略的にコントロールしようとするものである。企業の多くは，現時点での競争力や有効性などをもとに事業の選択と集中を実施しがちであるが，それでは将来性のある事業を失う恐れがある。PPMは，現状と将来性を同時に考慮し，自社の事業構成を見直すツールである。

最初に，①相対市場シェアは自社の市場シェアを最大のライバルの市場シェアで除したものである。ここでは，業界トップであることが目安とされている。具体的な値としては，1.0が優劣の境目となっている。1.0以上であれば最大のシェアを維持しており，他社よりも有利に事業を行えるというも

のである。

　最大のシェアを有する企業は，「経験曲線効果」によって，競合他社より有利に事業を展開することができるとされている。**図表3-15**は，累積生産量の増加に応じて，1台当たりの費用の変化を図示した一例である。最初の1台目は100万円の生産費用がかかっていたが，累積生産量が1千万台に達する時点では，1,000円程度で生産できるようになっている。例えば，電卓やクオーツ時計などは半世紀前までは高価な代物であったが，現在は数百円でも購入できるようになっている。さまざまな経験を積むことによって，このようなコスト削減が可能になっているのである。具体的には，生産プロセス，作業工程，製品設計，原材料などを何度も見直し，改善していくことによって，生産費用はある程度の累積生産量まで急速に低下し，それを超えると緩やかに低下するようになる。図表3-15の右図は両軸を対数に変換したものである。対数で表記することによって，ある程度までは急激にコスト削減が進み，その後緩やかな削減となる場合には，累積生産量と1台当たりの生産費用の関係を直線的に捉えられるようになる。競合他社より低い費用で生産できれば，競合他社が太刀打ちできない価格設定あるいは大きな利幅の獲得によって，事業展開を有利に行える。さらに，先行している企業は，良

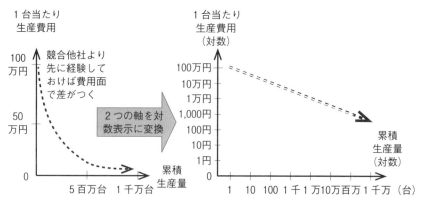

図表3-15■経験曲線効果による費用の下落

(出所)　筆者作成。

いブランドイメージを消費者に定着させることもできる。製造業以外でも幅広く経験曲線効果を活用できるとされている[10]。

次に，②市場の成長率は将来性を示している指標である。市場成長率に関しては，10％前後が境目になるといわれている。10％の市場成長率を境目に，市場の成長率が鈍化する一方で，資金需要が減少するといわれている。開拓が進んでいない市場は，市場規模が小さい一方で，伸ばせる余地が大いにあり，高い成長率が期待できる。しかし，開拓が進んだ市場では，市場規模が大きいわりに，今後伸ばせる余地が小さくなり，市場成長率は総じて低くなる。

この市場の成長率を軸とする背景には，製品ライフサイクルの考え方がある。ある製品のライフサイクルのステージを，導入期，成長期，成熟期，衰退期に区別した場合，導入期，成長期，成熟期の製品を，可能であればバランスよく保有することが望ましいことになる。導入期を経て，成長期や成熟期に達するので，将来に向けた導入期の製品や事業への投資が必要となる[11]。成長期においても，市場規模は伸びるが，多額の投資が必要となる。そして成熟期になれば，多額の投資が必要なくなる一方で，将来性が疑問視されるようになる。

PPMでは，この２軸をもとに，製品や事業を４つに分類している。最初は，図表３－14の左下に位置する「金のなる木」と呼ばれるものがある。ここに分類された製品や事業は，高い競争力があるが，資金需要が小さいので収益性は高い。ここから得られた資金は他の事業に投資されることになる。

次は，図表３－14の左上に位置する製品や事業は「花形」に分類される。花形は競争力があり，金のなる木になることを期待される。しかし，研究開発やマーケティング活動を通して市場シェアを維持する必要があり，資金需要が大きい。

そして，右上に位置するのが，「問題児」である。問題児は成長市場に属しているものの，市場での競争力が低く，最大の競合相手に差をつけられている状態にある。市場が流動的であれば，逆転もありうるが，負け犬にもなりうる。ここでは，積極的に投資するか撤退するかの判断が必要となる。

最後に，右下に位置するのが，「負け犬」である。負け犬は，将来性はなく，収益性も低い。負け犬に属する製品や事業に対しては，投資や費用の抑制ならびに資産の売却（撤退）などが本格的に検討されるようになる。

PPMでは，①相対市場シェアと②市場の成長率から強化すべき事業と撤退すべき事業を明確にしている。それによって，企業は，資金を優先的に投入すべき事業を特定することができるのである。PPMは，事業構成の見直しツールとして活用されてはいるが，PPM自体においては個別の事業（競争）に対して戦略を立案する機能はない。

3 事業（競争）戦略

3-1 バリューチェーン

組織が目的を達成するには，直接目的を達成するのに関係している業務だけでなく，間接的に関連している業務も合わせて遂行することが必要となる。企業にとって，最大の目的は利益を安定的に稼ぐことである。当然，そのためには，製品やサービスを生産・販売する活動以外にも，それに付随する活動が適切な形で行われていなければならない。ポーターが提唱している「バリューチェーン」（value chain：価値連鎖）は，製造業における企業内の分業体制とその成果の関係について論じたものである。ポーターは，企業内部の活動を主活動と支援活動に区分し，**図表3－16**のように整理している。主活動は，製品やサービスの生産や顧客への提供に直接的に関連する活動で，購買物流，製造，出荷物流，販売・マーケティング，サービスなどが該当する。支援活動は，主活動を支援する活動で，全般管理（財務，法規対策など），人事・労務管理，技術開発，調達活動などが含まれる。

企業内部の主活動と支援活動の結果が，利潤（マージン）の大きさとして現れる。利潤は，企業が提供した製品やサービスの対価として受け取った額（売上）から製品やサービスを提供するのに要した一連の費用を控除した額である。企業内の分業構造あるいはその運営によって，費用が大きく変化し，

図表3－16　バリューチェーン

支援活動	全般管理（インフラストラクチュア）					利潤（マージン）
	人事・労務管理					
	技術開発					
	調達活動					
	購買物流	製造	出荷物流（ロジスティクス）	販売・マーケティング	サービス	

主活動

（出所）　Porter［1985］（土岐坤ほか訳［2008］）p.49をもとに作成。

利潤の大きさも変化する。製品の設計，製造，販売，流通，支援サービスといった企業のすべての機能を個別に分解し，どの部分で付加価値が生み出されているのかを把握する必要がある。それによって，自社の活動の「強み」や「弱み」が明確になり，分業体制の見直しの契機となる。

　図表3－17は，バリューチェーンにおいて付加価値が増加するプロセスが見やすくなるように修正したものである[12]。最初の修正点は，主活動における付加価値の流れを明確にするために矢印を追加し，上流（川上）から下流（川下）への流れを明記している点である。次に，支援活動を主活動の下に置いている。その理由は，支援活動が土台となって主活動を支えているからである。最後に，主活動の上に具体的な費用あるいは付加価値を加えている。この場合の利潤は，営業利益（＝収入－売上原価－販売費および一般管理費）に相当する。

3-2　競争優位の源泉

　すべての組織にとって，保有している資源を有効活用することは最も重要な課題である。競合他社が存在している場合，保有している資源の質や量に加えて，それらの活用度によって，競争優位が決まる。さらに，その競争優

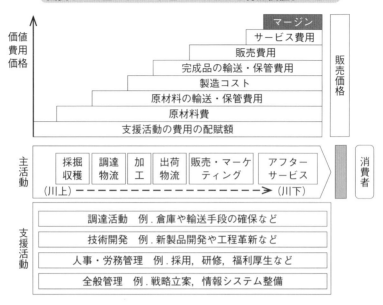

図表3-17 バリューチェーンにおける付加価値プロセス

(出所) 筆者作成。

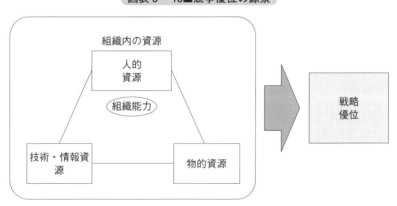

図表3-18 競争優位の源泉

(出所) 十川 [2006] p.63 をもとに作成。

位を持続できるのかも重要な関心事である。**図表3-18**は，競争優位につながる資源と「組織能力」の関係を図示したものである。競争優位を直接生み出すものは，企業内部で保有されている人的資源，技術・情報資源，物的資源などの資源である。一方，競争優位を獲得するためには，保有している資源を上手に組み合わせ，最大限活用しなければならない。さらに，人的資源，技術・情報資源，物的資源の他に，これらの資源を有効に活用できる組織能力がなければ真の競争優位とはならない。

　組織ごとに蓄積している資源には差異があるので，実現可能な戦略（選択肢）やその実施効果に差が生じるのは当然である。さらに，一時的な競争優位では意味がなく，持続的な競争優位を獲得できるような資源を育み，そして柔軟に組み合わせていかなければならない。持続的競争優位につながる資源について考察を進めているのが，「RBV」（Resource-Based View）である。

　RBVの前提は，企業内において，持続的な競争優位を生み出す何らかの資源が存在するということである。経営学における重要な資源は，人（人材），モノ（製品／設備／土地など），カネ（資本力），情報（技術やノウハウおよび各種データなど）である。しかし，これらの資源の中には，現時点では競争優位の源泉になっているが，それらすべてが持続的な競争優位につながっているとはいえないのである。

　持続的な競争優位につながる要件として，以下を挙げることができる。最初に，競争優位の源泉となっている資源は，競合他社が模倣あるいは獲得することが困難なものでなければならない。例えば，ある会社が使用している設備や材料など市場で購入可能なものが競争優位につながっているならば，競合他社は情報を収集・分析し，それ以上の競争優位につながるものを購入すれば良いことになる。同様に，競争優位の源泉が特殊な製法であるならば，それを知る人物からの情報提供を受ければよいことになる。

　模倣しにくいあるいは獲得できないことでも，競合他社が試行錯誤を重ねることによって，ある程度までは経営上の差を詰めてくることはよくある。しかし，表面的なものをどんなに模倣しても，同じ成果を出せるとは限らない。競合他社が完全に模倣できないあるいは同等の成果につながりにくい資

源の系統として，以下の4つの系統を挙げることができる。

> (1) 地理的な特殊条件下で構築されたネットワークや歴史的な経緯で構築されたネットワークや資源。
> (2) 経験的に持っているノウハウなどの暗黙知や全体として機能しているシステムなどの因果関係がわからない資源。
> (3) 複雑なプロセスを経なければ再現できないものや（研究や実務過程における間違いなどによって）偶然獲得できたものなど再現困難な資源。
> (4) 特許権や商標権などの法律によって保護されている知的財産，並びに参入規制によって，後発組の参入が制限されている事業分野など法律や規制によって保護されている資源。

（出所）　高橋伸夫編著［2011］p. 83。

　さらに，持続的な競争優位の源泉のもう1つの要件として，発展性や永続性を挙げることができよう。成功の鍵となっている資源は，永続的に進化を続けられるものが望ましい。例えば，ある人が競争優位の源泉だとしても，その人が病気や怪我によって十分な力を発揮できなくなること，あるいは想定外の時期や理由で退職してしまうこともありうる。特定の機械が競争優位の源泉であったならば，摩耗していずれ使用ができなくなり，競合他社が類似の機械を導入することは十分に考えられる。したがって，持続的な競争優位の源泉として，特定の個人や設備を挙げることは適切とは言えない。

　持続的な競争優位の源泉としては，機械や工具などのように，使用することによって摩耗するのではなく，逆に強くなるものが望ましい。その典型が情報システムである。情報機器やソフトはメンテナンスや更新は必要であるが，情報システムを活用することによって，データの蓄積が増え，そのデータを有効活用することによって，新たなビジネスチャンスが生み出されるきっかけとなる。さらに，それによって情報システムの活用が進むというという好循環が生まれる。人事システムなども同様に，システムとして機能し

ていれば，使用や利用によって，望ましい好循環が生まれ，競争優位を生み出す源泉となる有能な人材を安定的に輩出できるようになることが期待できるのである。

　Barney［2002］は，RBVの意義として，以下の5つを挙げている。①単なる模倣は競争均衡に陥るので，競争優位につながらないことを明らかにした。②競争優位の源泉は，社会的に複雑な経営資源であることを周知させた。③競争優位を獲得していれば，競合他社が実行困難な戦略を選択できることを示した。④競争優位獲得の責任を各構成員に認識させ，持続的な競争優位の源泉となる資源を生み出す努力を促した。⑤競争優位を獲得するための組織の役割を明確にし，無理なら組織の変革が必要であることを説明した[13]。

　RBVで確認された重要資源に関して，その資源がどれだけ競争優位に貢献しているのかを評価する枠組みが「VRIO（ブリオ）フレームワーク」である。VRIOはV（Value：経済価値），R（Rarity：希少性），I（Imitability：模倣困難性），O（Organization：組織）の頭文字から構成されている。最初に，V（価値があるか）を確認し，続いてR（希少性）やI（模倣困難性）を評価し，最後にO（組織）を評価するのが一般的である。VRIOフレームワークは，保有している資源のプラスとマイナスの面を認識し，強化や改善につなげるために活用されている。

3-3　3つの基本戦略

　Porter［1980］は，企業を取り巻く経営環境を分析し，その中で当該企業が競合他社より有利に事業展開できるポジションを把握することを重要視し，「ポジショニング・アプローチ」を提唱している。この考え方の根底にあるのが，産業組織論の「S-C-P（Structure-Conduct-Performance：産業構造-企業行動-市場成果）パラダイム」である[14]。ポーターはこのパラダイムに基づいて，企業は「コストリーダーシップ」，「差別化戦略」，「集中戦略」の3つの基本戦略の1つを採用し，それに特化することが得策であるとしている。

　S-C-P（Structure-Conduct-Performance）パラダイムは，産業構造ある

いは市場の競争状況を分析することから始まる。分析結果に基づいて，適切な戦略を採択し，それに沿って行動することによって，競合他社より大きな成果を獲得することができるという考え方である[15]。競合他社より有利に事業展開できる領域を発見し，その領域内で有効に機能する戦略を採用することによって，競合他社を不利な立場に追い込み，退出を促進あるいは競合他社の参入を防止する。具体的な流れは以下のようになる。

(Ⅰ) 産業構造を分析し，
(Ⅱ) (Ⅰ)の分析結果に基づく行動を採択し，
(Ⅲ) ライバルより高い業績成果を得る。

適切な戦略立案と企業行動を導き出すための最初のステップは，産業構造の分析である。その具体的な手法がポーターの「ファイブフォース分析」で

図表3−19■ファイブフォース分析

- ①業界内の競争
- ②新規参入（滞在的な参入業者）の脅威
- ③顧客の交渉力
- ④サプライヤーの交渉力
- ⑤代替製品や代替サービスの脅威

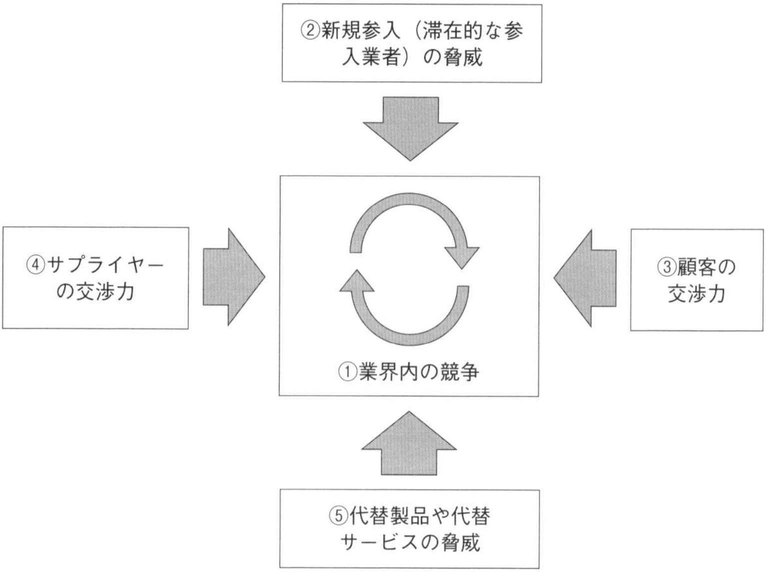

(出所) Porter [1980] (土岐坤ほか訳 [1982]) p.18をもとに作成。

ある。ファイブフォース分析は，事業の活動成果を左右する5つの要因について それぞれ分析するものである（**図表3－19**参照）。

最初に，業界内の競争状況（①）は，競合他社との敵対関係の強さを示すものである。競合他社が多い場合には，価格競争に陥りやすくなる。そして，すでに独占的な地位を占めている企業が存在している場合には，不利な戦いを強いられるようになる。

次は，新規参入の脅威（②）である。これは業界内の競争（①）を激化させる要因となる。近年は同業者以外にも，周辺産業などから実力のある新たな参入者が多数参入してくるケースが目立つようになっている。

そして，顧客の交渉力（③）は売上高に直結する。顧客が大量に購入する場合や原価に関する情報を有している場合は，買い叩かれやすくなる。近年は，小売りのチェーン化が進み，メーカーに対して小売りの価格交渉力が強まっており，量販店の力が増している。

さらに，サプライヤーの交渉力（④）は，原価に反映する。サプライヤーが貴重資源を有している場合や他に変更できない場合は原価が高く設定されやすい。近年はサプライヤーの中に，複数の大手メーカーと取引しているサプライヤーも多数存在するようなっている。

最後に，代替品の脅威（⑤）は，その市場全体の将来性に大きな影響を及ぼす。代替品の台頭は既存製品の需要を減少あるいは消滅させる危険性がある。例えば，PC専業メーカーや時計メーカーなどにとって，スマホやタブレットPCは脅威の存在である。

産業構造の分析を通して，自社にとって有利に事業展開できそうなターゲット市場を特定した後は，そこでの戦略を立案する必要がある。その際に，ポーター［1980］は，ターゲット市場を市場の範囲（大きさ）と戦略の内容（強み）から区分し，**図表3－20**で示されている戦略の枠組みを提示している。

業界全体をターゲットとして低コスト構造で勝負する戦略が，「コストリーダーシップ」（cost leadership）である。業界内で最も低いコスト構造を目指し，それに成功すれば，同じ価格で販売しても利幅が大きくなる[16]。

図表3－20■ターゲット市場と3つの基本戦略の関係

		戦略の有利性	
		顧客から特異性が認められる	低コスト地位
戦略ターゲット	業界全体	差別化	コストリーダーシップ
	特定セグメント限定	集中	
		（差別化集中）　（低コストと差別化同時達成）　（コスト集中）	

(出所) Porter [1980]（土岐坤ほか訳 [1982]) p.61 をもとに作成。

そして，競合他社に対して攻撃的な価格設定も効果的に行うことができる。より多くの顧客を獲得するためには，「市場浸透価格戦略」と言われる薄利多売の戦略を選択することが多い。

具体的にコストを削減する手法としては，以下のようなものがある。

(1) 規模の経済性の発揮（部品の共通化や機械化による合理化および取扱量の増加に伴うサプライヤーへの交渉力強化など）。
(2) 経験曲線効果（大規模投資を先行して行い，生産現場や市場などで経験を積んで，他社に対してコスト面で差をつける。消費者にとっても先駆者としてのイメージを定着させる効果もある）。
(3) 低コスト操業体制の確立（ITの活用，海外資源の活用，組織能力の向上，無駄の徹底排除など）。

業界全体をターゲットとして特別な価値（付加価値）を提供して勝負する戦略は，「差別化戦略」と呼ばれる。自社の製品やサービスに対して競合他社の製品やサービスとの差別化を徹底する。それによって，自社製品やサービスが顧客にとって特別だと認識させるオンリーワンを目指す戦略である。そのためには，技術面での先行や高品質の追求などによって，「顧客満足度」（CS：Customer Satisfaction）を高め，ブランド・ロイヤリティを強化する必要がある。オンリーワンとして成功できれば，競争に巻き込まれづらくな

り，安定した売上や高い利益率を確保しやすくなる。

　地域や年齢，性別などのマーケット・セグメント（市場特性）に限定して，経営戦略を遂行するのが「集中戦略」である。集中戦略を採択した場合には，特定のセグメント内でコストリーダーシップ（コスト集中），特別な価値を顧客に提供（差別化集中），あるいは両者の同時的達成を目指すことになる。一般的に，企業は特定のセグメントに経営資源を集中させることによって，競合他社より低コストまたは高付加価値，あるいはその両方を同時に実現しようとする。

　この3つの基本戦略を中途半端に行うことはビジネス上危険とされている。例えば，コストリーダーシップと差別化戦略は基本的に相反するので，「スタック・イン・ザ・ミドル」（二兎を追うものは一兎をも得ず）という状態に陥りやすくなるといわれる。

4 組織学習

4-1　学習する組織

　個の集まりを優れた集団に変革することは，組織にとって最重要課題の1つである。Senge et al.［1994］では，「学習する組織」の全体像を**図表3－21**のように整理している。この図表上では，内包された秩序が，個人の永続的な変化を生み出し，それが組織構造や行動を通して，良好な結果につながっている。そして，その結果が，組織構造や行動および個人の永続的な変化に好影響を及ぼすとされている。

　学習する組織の根底は，永続的な変化の領域である。そこでは，各構成員が深い学習サイクルを繰り返すことによって，不断の変化が生まれている。永続的な変化の領域において，学習する組織を特徴づけるスキルや能力は，①志，②内省と対話，③概念化，である。①志は，各構成員が自ら変わっていこうとする能力のことである。志を強くするには，自己実現の実践とビジョンの共有に有効である。②内省と対話は，個人および集団に存在する暗

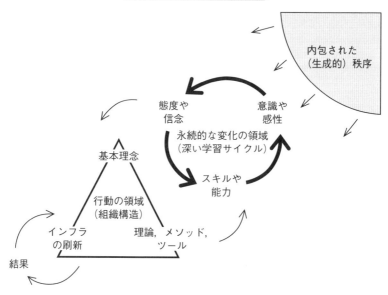

図表3−21■学習する組織

(出所) Senge *et al.* [1994]（柴田昌治ほか監訳 [2003]）p.58をもとに作成。

黙の仮説や既存の行動パターンについて問題を発見する能力である。各構成員が優れた思考プロセスを持っていれば，組織の至るところで，学習性に富んだ対話が可能になり，さまざまな事柄に対して内省しやすい状況が生まれる。③概念化は，各構成員が気づいた内容を他の構成員に正確に伝え，反応を引き出せるようにする能力である。この能力は，組織内外に働く多様な力の存在を理解していなければ，発揮することはできない。

新しいスキルや能力を身につけることによって，各構成員の中で新しい意識と感性が生まれるのを助長する。その理由は，今まで見えていなかったあるいは理解できなかったものが見えるようになり，理解できるようになることによって，各構成員の世界観が変化するからである。そして，新しい意識と感性が構成員の態度や信念に反映されるようになる。今まで当たり前と思っていたことに対しても，自信と自分なりの考え方を持って，今までにはない行動ができるようになる。

次に，学習する組織の構造は，基本理念，理論・メソッド（方式）・ツール，インフラ（組織内部の知的基盤）などから構成されている。学習する組織の基本理念は，ビジョン，価値，目的などから始まる。この基本理念は，株主の投資利益率を最大にするという類のものではなく，その組織の存在理由や構成員の使命と密接な関係がある。基本理念が変われば，既存の理論，メソッド（方式），ツールが見直され，大規模な変革が行われる。そして，組織内のインフラは，各構成員が職務の遂行に不可欠な資源を提供するための手段となるのである。

　学習する組織を構築するには，基本理念，理論・メソッド（方式）・ツール，インフラの三角形のバランスが実現されていなければならない。円の形状で表現されている永続的な変化の領域（不断の学習サイクル）と三角形で表現されている行動の領域（バランスのとれた構造）が相互に影響し合って，学習する組織を構築している。このような学習する組織も結果によって評価される。結果は，行動の領域（組織の構造）を通して，永続的な変化の領域にも影響を与える。しかし，学習したものが，長い期間を経て，結果として現れることがあるので，時には忍耐が必要になる。最後に，内包された秩序の存在も大きな役割を果たしている。例えば，宇宙については，実際に存在し，認識されてはいるが，科学技術の進歩によってさらにその実態の解明が進んでいる。このような事象は，巷にあふれている。組織の学習（学習サイクルが繰り返されること）によって，世界の中に内包されている秩序が徐々に明らかになるのである[17]。

4-2　組織能力の必要性

　周知のとおり，組織は成長する過程の中で，縦割りや膠着などの状態に陥ることがある。組織の規模が拡大するとともに，中央集権的組織による画一的な対応では無理が生じるようになる。結果として，次第に分権化の必要性が強く認識されるようになり，組織が縦割り構造に変化する。分権化された組織の中でも，惰性や慣性が働きやすく，長年の慣行や手続きが重視され，変化を嫌う土壌が生まれる。

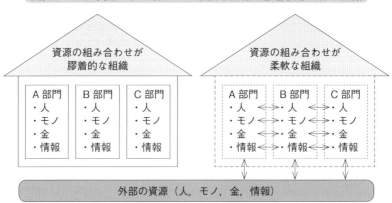

図表3－22 資源の組み合わせが柔軟な組織と膠着状態にある組織

(出所) 筆者作成。

　近年，グローバル化や技術革新の影響で，組織を取り巻く環境の変化は激しさを増している。そのような中で，縦割りかつ膠着的な組織では，保有している資源や外部の資源を有効に活用することは難しい。組織によっては，組織横断的な活動の促進や細分化した組織の再編などを行って，縦割りの弊害を解消し，より柔軟に内外の資源を活用できるようにしようとする動きを活発化させている。

　各組織が保有する人，モノ，金，情報などの資源の質や量は異なるが，これらの質や量だけで業績が確定するわけではない。組織として，組織内外の資源をいかに有効活用するかが重要となり，この力が「組織能力」[18]といわれるものである。組織能力の根底には，コミュニケーション力がある。組織内部でのコミュニケーションが活発に行われている状態ならば，組織内で認識された微細な変化を迅速に共有し，それへの対策を迅速かつ適切に実行に移しやすい。**図表3－22**の左図のように，組織内の部門間の壁が厚く，境界を超えたコミュニケーションを阻害している状態では，組織は保有している資源を有効活用しきれない。他方，右図のように，組織内外の資源を適切かつ柔軟に組み合わせることができる状態であれば，ここでは組織が実行可能な戦略の選択肢の幅が広がり，効果的な戦略を立案し，それを確実かつ効率

的に実行しやすい環境が生まれる。

4-3 イノベーション・ギャップ

　組織能力を高めるための枠組みを整備するのは，いうまでもなくトップの役目である。最初に，**図表3－23**で示しているように，トップは，戦略的意図を持って，組織が達成すべき将来目標を設定する必要がある。設定される目標は，現時点の組織能力で簡単に達成が見込めるものでは意味がなく，「イノベーション・ギャップ」を明確にしているものでなければならない。適切な将来目標の設定は，現時点において不足しているものおよび改善すべきものを浮き彫りにする。そして，それらの存在を組織内全体に周知させることがトップの仕事である。

　次のステップは，そのイノベーション・ギャップを埋めるのに必要な構成員の挑戦意欲を引き出すことである。各構成員がイノベーション・ギャップを個人の問題として認識し，それを埋めるために貢献しようとする意識を持ち，実際に行動に移すようにする必要がある。その際，重要となるのがミドル（中間管理職）である。ミドル（中間管理職）は，将来目標に込められている戦略的意図を現場の構成員に正確に理解させ，そして現場の構成員のやる気を喚起し，具体的な行動につなげさせる役割を担っている。

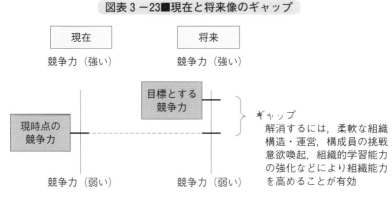

図表3－23■現在と将来像のギャップ

（出所）　各種資料より作成。

今日の目まぐるしい環境変化と厳しい競争の中で，競争優位を維持・確保しつつ生き抜くためには，トップはイノベーション・ギャップを上手に提示し，組織能力を高める必要がある。トップには組織内部に緊張感を醸成し，組織の構成員から創造的な問題解決を引き出す役割が求められている。同時に，トップは組織能力を高めるために，組織の抱える文化や体質を変革し，新たな組織の文化や体質を組織に根づかせるようにも働きかけなければならないのである。

4-4 組織における学習プロセス

組織が慣性や惰性に支配されている状態では，大規模な環境変化に遭遇した際に，適切に対応することが困難な事態に陥りやすい。そして，そこからの迅速な脱却も期待できない。組織は，既存の方法や対処法では対応しきれない問題を迅速に認識し，その問題を解決する対策を的確に講じる必要がある。組織が直面する問題を認識し，それへの解決策を講じる行為が組織学習の具体的なプロセスであると言える。

トップがイノベーション・ギャップを提示することは，組織が解決すべき問題を明確にし，それを組織内に周知させる行為である。イノベーション・ギャップによって，組織学習を開始させることを狙っているのである。イノベーション・ギャップを効果的かつ効率的に解消するには，各構成員の努力に加えて，組織としての学習プロセスも重要な働きをする。

組織学習において，自分の経験だけでなく，他人の経験からも多くを学ぶ姿勢が重要となる。自分の経験に加えて，他人の経験を意思決定に生かすことができれば，自分では思いつかなった解決方法を選択することなどができるようになり，失敗を回避できる可能性が高まる。所属や立場の異なる数多くの人間と知識や情報の交換を行うためには，高いコミュニケーション力や強い相互信頼関係が不可欠である。組織は，各構成員が学習しやすい環境を整備し，その成果を組織全体として共有する仕組みを作らなければならない。

トップの戦略的意図が込められたイノベーション・ギャップ以外にも，既存の手順やルールでは解決できない問題が組織の内外で発生する。そのよう

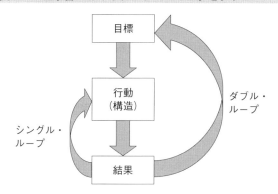

図表3-24 学習におけるシングル・ループとダブル・ループ

(出所) 各種資料より作成。

な問題を解決するためには，既存の手順やルールの改良や変更などのための組織学習が必要となる。組織学習論には，「組織ルーチン」，「アンラーニング（学習棄却）」，「組織変革」などの3つの系統がある[19]。

最初に，組織ルーチンによる問題解決とは，組織が設定しているルーチンで対応しきれない場合は，組織内で蓄積されている他のルーチンの中から，最適なルーチンに切り替えを行うというものである。それでも対応しきれない場合は，新たなルーチンを考案し，問題の解決を図ることになる。

次に，不適切になった知識や価値観を捨て去る行為が必要になることもある。この行為はアンラーニングと呼ばれる。既存のルーチンや体制では，外部環境の変化を迅速かつ的確に把握できなくなった場合や適切に対応できなくなった場合に，既存の知識や価値観を含めてルーチンや構造を見直すというものである。

最後に，組織変革に関するものがある。**図表3-24**は，学習における「シングル・ループ」と「ダブル・ループ」を図示したものである。行動した結果が満足できるものでなかった場合に，行動や構造を変えるのが，シングル・ループ学習である。シングル・ループ学習は適応的な学習である。それに対して，結果に満足できなかったときに，目標や既存の価値観自体に疑問を呈し，変更するのがダブル・ループ学習である。このように，さまざまな

状況に応じて，行動だけでなく，組織の構造や目的の変革も行われるのである[20]。

● 注

1 例えば人間が熱いものに触ったときなどの反射は，末梢神経が刺激を受けて，直接反応するものなのであり，意思決定を伴う行動とは区分して考えなければならない。
2 詳しくは，Abraham H. Maslow [1965] *Eupsychian Management*, The Dorsey Press.（原年広訳 [1967]『自己実現の経営―経営の心理的側面』産業能率大学出版部）を参照されたい。
3 満足基準は，有限個の代替案を単一あるいは複数の項目から比較・評価し，満足度の高いものを採用する手法である。代替案や評価項目の数を増やせば，より良い選択肢を確実に採用できるようになるが，時間や費用の制約があって，ある程度の所で妥協をした結果であるので，最適な意思決定とは呼べない。詳しくは，Herbert A. Simon [1976] *Administrative Behavior*, 3rd ed, Macmillan.（松田武彦・二村敏子・高柳暁訳 [1989]『経営行動』ダイヤモンド社）を参照されたい。
4 特定の作業条件が生産性に影響を与えることを確認できなかったので，職場の良好な人間関係が生産性を挙げる要因であるとしているが，他にも経験曲線効果やモニタリング効果なども影響したと考えられる。詳しくは，前掲，大橋・竹林 [2008] を参照されたい。
5 詳しくは，Douglas McGregor [1960] *The Human Side of Enterprise*, McGraw-Hill Companies, Inc.（高橋達男訳 [1986]『企業の人間的側面』産業能率大学），p. 38を参照されたい。
6 詳しくは，森田一寿 [1984]『経営の行動科学』福村出版を参照されたい。
7 厳密に組織と構成員の向かうべき方向性と満足度を数値化し，組織の有効性を測定するのは難しい。
8 詳しくは，NECホームページ内の会社概要の「沿革」〈jpn.nec.com/profile/empower/history.html〉を参照されたい。
9 詳しくは，大滝他 [1977]『経営戦略』有斐閣アルマ，p. 56を参照のこと。
10 ボストン・コンサルティング・グループ（BCG）のホームページにおいては，経験曲線効果が製造業以外でも数多くの分野に応用可能であることが示されている。
11 製品や事業が導入期を終えて，成長期に入っているのを確認してから，参入する企業も多数ある。
12 サプライチェーンにおいては，複数の下請けおよび卸売りなどの協力企業が存在している。そこでは，事業活動や関係者などをネットワーク的に表現すべきであるが，主活動においては単純化のために直線的に表記している。
13 詳しくは，Jay B. Barney [2002] *Gaining and Sustaining Competitive Advantage*, Prentice Hall.（岡田正大訳 [2003]『企業戦略論―競争優位の構築と持続（中）

（事業戦略編）』ダイヤモンド社），p. 280 を参照されたい。
14 詳しくは，土井教之［2008］『産業組織論入門』ミネルヴァ書房，pp. 1-5，小田切宏之［2001］『新しい産業組織論』有斐閣，pp. 3-7 および Roger Clarke ［1985］*Industrial Economics*, Wiley Blackwell.（福宮賢一訳［1989］『現代産業組織論』多賀出版），pp. 1-3 を参照されたい。
15 本来，産業構造は，国民経済を構成する各種産業の比重や仕組み，その相互関係を意味するが，ここで言う産業構造は，特定の産業内の調達・生産・販売の仕組み，さらには独占や寡占などの市場での競合関係を意味する。
16 特に，経営学ではこうした戦略は「上層吸収価格戦略」と言われている。
17 詳しくは，Peter M. Senge, Art Kleiner, Charlotte Roberts, Richard Ross, Bryan Smith［1994］*The Fifth Discipline Fieldbook*, Doubleday.（柴田昌治・スコラ・コンサルタント監訳，牧野元三訳［2003］『フィールドブック—学習する組織「5つの能力」』日本経済新聞出版社），pp. 41-60 を参照されたい。
18 組織能力や能力構築競争については，藤本隆宏［2003］『能力構築競争』中央公論新社 p. 28 に定義が明記されており，詳細な考察が行われている。また，伊丹敬之・加護野忠男［2003］『ゼミナール経営学入門（第3版）』日本経済新聞出版社，pp. 27-30 に，資源と組織能力の利用の重要性が論述されているので参照されたい。
19 詳しくは，安藤史江［2001］『組織学習と組織内地図』白桃書房，pp. 40-53 を参照されたい。
20 詳しくは，Chris Argyris［1990］*Integrating the Individual and the Organization*, Transaction. および Chris Argyris［2006］*Personality and Organization*, Pickering & Chatto. を参照されたい。

第4章

会社経営のマネジメント

1 会社とは

1-1 営利目的の法人

　「会社」とは営利を目的とする法人である。会社の設立・運営の根拠となっているのが「会社法」である。企業とは会社を含む幅広い概念であり，その中で法人格を有しているものが会社となる。日本国内には，2006年度末現在で約152万の会社があり，その大半が「株式会社」である（会社法設立前に設立された有限会社を含む）[1]。したがって，日本国内の会社の使用人（従業員）はほとんどが株式会社で働いていることになる。

　会社法の中で，会社の構成員として，社員，代表者，支配人，使用人などが明記されている。社員とは，会社の持分を有する出資者（株主）のことである。次に，代表者は代表取締役や執行役などである。彼らは社内で大きな権限を有しており，彼らの発言などに対しては会社として責任を負わなければならない。そして，支配人は使用人の中で，本店や支店の運営に関する権限を有する者で，代表者と同じように，顧客への発言などに対して会社として責任を負わなければならない（会社法第350条）[2]。会社の代表者や支配人は商業登記簿に登記する必要がある（会社法第907・911〜914・918・933条，商業登記法第44・47条）。彼らは，裁判などにおいて，責任者として対応することができる立場にある。最後に，使用人は会社の従業員（パートやアル

バイトを含む）のことである。

1-2　会社の種類

　日本国内の会社の種類には，株式会社，合名会社，合資会社，合同会社などがある（会社法第2条）。合名会社，合資会社，合同会社を総称して持分会社と呼ぶこともある。**図表4－1**は，株式会社，合名会社，合資会社，合同会社の4形態の特徴を示したものである。

　会社を立ち上げるには，出資者（社員）の存在が不可欠である。会社は，出資者（社員）の集まりなので，人の集合体である社団に該当する[3]。社団を分類する基準として，会社経営の際に，社員を重視する人的会社かあるいは出資額（持分）を重視する物的会社かの分類を用いることがある。上記4つの会社形態の中で，株式会社だけが物的会社に分類され，残りは人的会社となる。合名会社，合資会社，合同会社などの人的会社は，規模が小さい会社が多く，通常，社員の個性や意見が会社運営に色濃く反映される。

　合名会社，合資会社，合同会社などの人的会社では，定款において特別の定めがない限り，全社員が業務の執行を行う（会社法第590・591条）。合名会社，合資会社，合同会社では，定款の変更や持分の譲渡などの重要事項を決定する際には，社員全員の同意が必要となる（会社法第585条）。それに対

図表4－1 ■会社の種類と特徴

項　目	会社の種類（外国会社と有限会社を除く）			
	株式会社	合同会社	合名会社	合資会社
人的会社（社員重視）／物的会社（財産重視）	物的会社	人的会社（社員の個性が会社運営に反映）		
社員による業務執行	無関係	会社員が業務執行（定款変更や持分譲渡には全員の同意が必要）		
所有と経営の分離	分　離	未分離（一体経営）		
社員の責任（無限責任／有限責任）	有限社員（全社員）	有限社員（全社員）	無限責任（全社員）	両方が混在

(出所)　各種資料より作成。

して，株式会社では「株主」に業務執行の義務は課されていない。
　株式会社では，「所有」と「経営」の分離が進んでおり，株主に業務執行の義務や日常的な会社の運営に干渉する権利はない。しかし，株主は株主総会を通して，「取締役」や「監査役」の選任ならびに解任などの重要議題に関して，議決権の行使を行うことができる[4]。
　債権者などの会社外部の人間にとって最も重要な関心事の1つは，社員（出資者や株主）の責任の範囲である。社員の責任の範囲には，有限と無限の2種類がある。無限責任を有する社員は会社が破綻した際には，負債に対して無制限の責任を負うが，有限責任を有する社員の場合は，重大な過失や違法行為がない限り，出資額を上限とすることができる（会社法第580条）。株式会社と合同会社は，有限責任社員のみから構成されている。合名会社は無限責任社員のみから構成され，合資会社には無限責任社員と有限責任社員が混在している（会社法第576・638・639条）。
　会社の形態として，株式会社が選択されることが圧倒的に多い理由は，社員が有限責任であることにある。会社経営に失敗しても，責任の範囲が限定されており，再起の道が残されている。そして，社員（出資者）も募りやすい[5]。しかし，その反面，株式会社では，株主や債権者保護のために，機関設計や運営において厳しい規制が課されている。さらに，多様な利害関係者を保護するために，内部監査機関の設置義務や社員への利益の配当制限などがある（会社法第461・462条）。
　現存する有限会社は，会社法の施行前に有限会社法によって設立された法人であり，現行の有限会社は特例有限会社とも言われている。会社法施行と同時に，有限会社法が廃止され，有限会社が新たに設立されることはなくなった。しかし，有限会社法で設立されていた会社は，「会社法の施行に伴う関係法律の整備等に関する法律」の第2条によって存続が認められており，特例として有限会社法に類似した制度の適用を受けることができる。
　外国会社とは，外国の法令に準拠して設立された法人その他の外国の団体であって，会社と同種のものまたは会社に類似するものである（会社法第2条）。利害関係者を保護するために，海外の会社は国内での登記手続きが終

わるまでは，継続的に日本国内での取引を行うことは禁止されている（会社法第818条）。海外の会社が日本国内で登記をする際には，最も類似している日本国内の会社形態を選択し，その形態に必要な内容を日本国内で登記しなければならない。

2 株主の機能と役割

2-1 株　式

株主は，株式会社への出資を行った出資者である。会社法上，株主は社員であるが，経営者や従業員である必要はない。会社法第105条では，株式に付随する権利として以下の項目を定めている。

> (1) 剰余金の配当を受ける権利。
> (2) 残余財産の分配を受ける権利。
> (3) 株主総会における議決権。

会社法上では，株式に対して(1)と(2)の剰余金の配当と残余財産の分配を受ける権利を全く与えない旨の「定款」の定めは無効であるとされている。したがって，株式によって優先順位の違いはあっても，特定の株式から剰余金の分配と残余財産の分配を受ける権利を完全かつ同時に除外することはできない。そして，株主は，会社にとって重要な案件を決定する株主総会に参加し，議決権を行使し，議案に対して承認または否認，あるいは議決権を放棄することができる。しかし，(3)に関しては，定款に明記してあれば，議決権が全くない株式を発行できる。したがって，議決権が与えられていない株主も存在することになる[6]。

原則として，株式会社は，株主をその所有する株式の内容（種類）および数（保有株式数）に応じて，平等に取り扱わなければならないとされている。同じ種類の株式を同じ数量保有している株主に対して，剰余金の配当や残余

財産の分配などを平等に取り扱わなければならない。しかし，この平等原則にも例外がある。例えば，譲渡制限が定められた株式を発行している非公開会社が，代表取締役を兼ねている株主を優遇する旨が定款に記載されている場合は，同じ種類の株でも，他の株式と平等に取り扱う必要はなくなる（会社法第109条）。

株式会社は，譲渡制限付株式，取得請求権付株式，取得条項付株式などの制限付の株式の種類を複数発行することが認められている（会社法第108条）。一般に，このような制限を一切加えない株式は普通株式と呼ばれている[7]。
図表4－2は，株式会社が発行可能な株式の種類を示したものである。このように，さまざまな状況に応じて，異なる株式の種類を発行することによっ

図表4－2■発行株式の種類

1種類のみの株式発行		複数種類の株式発行（種類株式発行会社）	
普通株式	特別の定めなし	普通株式	特別の定めなし
譲渡制限付株式	譲渡時に当該株式会社の承認が必要となる	優先・劣後配当種類株式	配当に優先順位がある
		残余財産優先・劣後分配種類株式	残余財産の分配に優先順位がある
		議決権制限種類株式	安全無議決株式なら剰余金の配当は優先される
		譲渡制限種類株式	株式の譲渡に際し，当該株式会社の承認が必要となる
		取得請求権付種類株式	株主が会社に株式の取得請求ができる
取得請求権付株式	株主が会社に株式の取得請求ができる	取得条項付種類株式	会社が特定の事由によって株主から株式を取得できる（一部）
		全部取得条項付種類株式	会社が特定事由でその種類の株式を取得できる（全部）
取得条項付株式	会社が特定の事由で株主から株式を取得できる	拒否権付種類株式	株主総会決議に加えて，種類株主総会の決議が必要となる
		選解任種類株式	種類株主総会によって取締役・監査役の選・解任が可能

（出所）自由国民社［2006］p. 451をもとに作成。

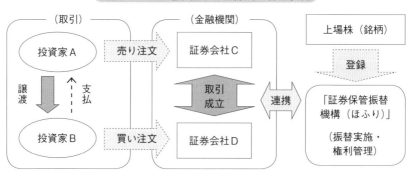

図表4−3■電子化された株式の管理状況

(出所) 筆者作成。

て，結果として出資者を募りやすくすることを目的としているものと思われる。

2001年に制定された「社債，株式等の振替に関する法律」によって，金融商品取引所で売買される上場株（上場銘柄）の電子（ペーパーレス）化が決定した。さらに，2009年には，上場会社の株式が電子化された。上場株の電子化が決定された理由として，盗難，紛失，偽造を防止することに加え，株式の発行や名義の書き換えに要する時間と費用を省く狙いがあった。証券保管振替機構（通称「ほふり」）が，上場株の権利の発生や消滅，そして証券会社などの金融機関の口座上で行われる上場株の権利の移転などを集中的に管理している（**図表4−3**参照)[8]。

2-2　株主総会

株式会社は，株主総会を年1回以上開催することが法律上義務づけられている（会社法第295・296条）。原則として，株主総会では，株式会社の組織，運営，管理その他株式会社に関わるすべての事項について決議することが認められている。しかし，取締役会設置会社においては，以下の法定事項と定款で定められた事項しか決議することができないとされている（会社法第362・399・416・459条）。会社法上，株主総会でしか決議できない主な法定事項は以下の通りである。

図表 4 － 4 ■株主総会での決議事項

取締役会設置会社 (所有と経営が分離している企業)	非取締役会設置会社 (小規模)
会社法で定められている法定事項	
法定事項以外は すべて定款に明記	法定事項以外も すべて決定可能

(出所)　各種資料より作成。

(1) 役員（取締役や監査役など）および会計監査人の選任・解雇（会社法第329条）。
(2) 資本金の額の減少，定款変更，合併・分割，解散など組織に関する重要事項（会社法第295・447・466条）。
(3) その他，役員の報酬額の決定（会社法第361条），株式発行（会社法第199条），など。

　取締役会が設置されている会社では，株主総会で決議できる事項が上記法定事項と定款に明記されている事項に限定されている。その最大の理由は，取締役会設置会社は規模が大きいものが多く，重要事項を株主総会ですべて決議することは，非効率的であるからである。それに対して，非取締役会設置会社は小規模なものが多く，株主総会が万能機関としてすべての事項を決定することができるようになっている（**図表 4 － 4 参照**）。
　一方，株主は，株主総会の議題（開催目的）を株式会社に要求（提案・請求）することができる（会社法第303条）。**図表 4 － 5** は，株主による議題の要求の要件を記載したものである。非取締役会設置会社は小規模なものが多く，すべての株主が当日でも議題を提案することができるようになっている。しかし，取締役会設置会社は，提案できる株主や提案期限が会社法によって規定されている。取締役会においては，議題提案者が議題提案の権利を有しているか，そして，提案された議題を株主総会で決議することが適正かを事

図表4－5■株主による議題の要求の制限について

取締役会設置会社	非取締役会設置会社
議決権の1％以上を保有あるいは300株（定款で変更可能）以上を保有している株主（公開会社は6カ月前から引き続き保有が必要となる）	すべての株主が議題を提案できる
株主総会開催の8週間前に取締役に請求しなければならない	当日でも可能
議題として適切と判断されるには以下の2つの条件が必要 ①会社法や定款に記載されている事項　かつ ②提案者がその議題に議決権を有する	

(出所)　各種資料より作成。

図表4－6■株主による議案提出要件

	取締役会設置会社	非取締役会設置会社
事前	議決権の1％以上を保有あるいは300株（定款で変更可能）以上を保有している株主（公開会社は6カ月前から引き続き保有が必要となる）	すべての株主が議題を提案できる
事前	株主総会開催の8週間前に取締役に請求しなければならない	当日でも可能
当日	すべての株主が以下の条件を満たせば議案も提出できる ①議案が株主総会の議題に関するもの ②その議案が法令や定款に違反していないもの ③その議案が過去3年間に10％以上の同意を得られなかったものでないこと	

(出所)　各種資料より作成。

前に判断しなければならない。さらに，株主総会の議題を事前に全株主に周知させるには時間が必要である。このような手順を経て，株主総会において当該議題が審議されることになる。

また，採用された議題に関して，**図表4－6**の要件を満たしている議案を株主が提出することが認められている（会社法第304条）。議題と同様に，取締役会設置会社においては，議案の事前提案に関して，提案できる株主や提案期限が会社法によって規定されている。株主総会の当日に議案を提案するには，図表4－6で示されている3つの要件を満たさなければならない。こ

れらの要件は，議案を精査するための調査時間の確保，株主総会の欠席者への配慮，無駄な議案の繰り返し審議の回避などのために設けられている。

　株主総会では，議題に沿った議案について決議が行われる。議決権の行使は，株主総会への出席，代理人に委任，書面，電磁的な方法などによって行うことができる（会社法第308，310〜313条）。議案の重要度に応じて，承認する基準は大きく異なる（会社法第309条）。最初に，一般的な決議方法は，普通決議と呼ばれるものである。この決議では，①議決権を有する株主の過半数が出席し（定足数の要件），②出席者の過半数が承認すれば，議案が承認されることになる。ただし，定款によって，定足数の要件を軽減や撤廃することあるいは普通決議で決議できない事項が設定されていることが定められている場合がある。

　次は，定款の変更や株主から株式を有償で取得する場合などでは，普通決議より厳しい特別決議や特殊決議と呼ばれるものが行われる（特別多数の要件）。特別決議では，議決権を有する株主の過半数が出席し，出席者した株主の議決権の3分の2以上の承認が必要となる。定款に明記することによって，定足数の要件を3分の1まで軽減することができる。

　他には，特別決議より厳しい決議方法で特殊決議と呼ばれるものがある。この決議では，議決権を有する株主の半数以上が出席し，その議決権の3分の2以上（特別多数の要件）で承認される場合，あるいは，総株主の半数以上が出席し，総株主の議決権の4分の3以上で承認される場合などがある。

3 株式会社の機関

3-1　株式会社の主な機関

　機関には，個人または団体がその目的を達する手段として設ける組織という意味がある（『広辞苑』）。会社にとって，業務に関する意思決定や執行を行う内部の個人（自然人）および組織体（集合）が機関となる。大きな会社ほど，内部に役割の異なる多様な機関を有するようになる。

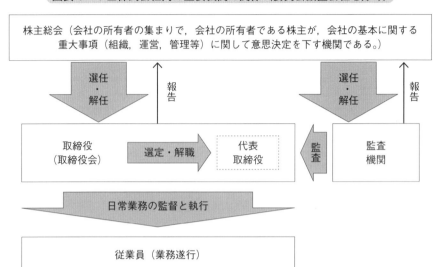

図表4-7■株式会社内の主要機関の関係（委員会設置会社を除く）

(出所) 各種資料より作成。

　最も有名な会社の機関は，株式会社における株主総会である。株主総会は，株式会社の組織，運営，管理など会社の基本的な重要事項について意思決定を行う機関である。その他の会社の機関には，取締役，代表取締役，取締役会，監査役，監査役会などがある。この中の取締役，代表取締役，監査役は個人（自然人）であるが，取締役会や監査役会は組織体（集合）である。**図表4-7**は，会社の重要機関の関係を図示したものである。

　会社法によって，すべての株式会社において設置が義務づけられている機関は，株主総会と取締役だけである。その他の機関は，株式会社の規模や株式の譲渡制限の有無などによって，設置が必要な（義務づけられている）機関，設置が不要な（義務づけられていない）機関，そして設置が禁止されている機関などがある。

3-2　取締役と取締役会

　株式会社では，通常，「所有」と「経営」が分離されている。株主は，株

図表4－8■取締役，取締役会，代表取締役の位置づけ

(出所) 各種資料より作成。

主総会における議題に関して議決権を行使することができる。その一方で，株主は，日常的な会社業務に関しては，取締役あるいは取締役会に意思決定と執行を委ねている。取締役は，株主総会で選任・解任される機関（自然人）である。株式会社と取締役の関係は委任関係であり，雇用関係ではない。取締役会は会社法で設置を義務づけられている場合と任意の（定款で定められている）場合がある。どちらの場合でも，取締役会を設置するには，株主総会において取締役を3人以上選定しなければならない（会社法第39条）。

また，代表取締役の選定・解職プロセスは会社法で定められており，それを図示したものが**図表4－8**である。最初に，会社法あるいは定款によって，取締役会の設置の有無が確定する。次に，株主総会において，取締役会を構成する3人以上の取締役が選定される。そして，取締役会において，取締役の中から代表取締役の選定が行われる（会社法第362条）。このようなプロセスを経て選定された代表取締役が，会社の業務を代表して行うことになる。代表取締役の選定や解職の権限は取締役会にあるので，株主が直接代表取締役を選定・解職することはできない。しかし，株主が代表取締役を解任したければ，株主総会で代表取締役を取締役から解任することによって，自動的に代表取締役となるための資格を失うことになる。

非取締役会設置会社では，それぞれの取締役が会社を代表することができる（会社法第349条）。その際に，取締役は，株式会社に対して善良な管理者として監視，注意，忠実などの義務を負う。監視義務は，他の取締役が定款や法令に違反していないかを監視することである。そして，注意義務に関しては，委任を受けた者（受任者）は善良な管理者の注意を持って，委任され

た業務を遂行することが義務づけられている（民法第644条）。株主からの委任を受けた取締役や監査役は会社運営が間違いなく行われるように注意することが義務づけられている。そして取締役の忠実義務は，法令，会社の定款，株主総会の決議を遵守し，株式会社の利益のために忠実に働くということである（会社法第355条)[9]。

　非取締役会設置会社では，取締役が1人しかいない場合もある。その際，取締役が業務執行に関して単独で意思決定を行うことが可能となっている。取締役が2人以上いる場合には，株式会社の業務は，原則として，取締役の過半数をもって決定することになる（会社法第348条）。したがって，取締役が2人以上いる株式会社では，1人の取締役が単独で支店の設置・廃止や支配人の選任・解任などを決定することは法律上認められていない。

　取締役会は，株主総会で選定された3人以上の取締役から構成される組織体である。取締役会設置会社では，原則として，各取締役は取締役会に出席し，重要事項の意思決定を行い，そこでの決定事項を執行する義務を負う。取締役会は，株主総会の決議事項以外の会社の業務全般に関して意思決定を行うことができる。取締役会の主な業務は，①会社の業務執行（営利活動），②取締役の職務の監督，③代表取締役の選定・解職である（会社法第362条）。取締役会は，代表取締役と監査役会からの報告に基づいて，代表取締役の監査を行い，必要があれば，代表取締役を解職するあるいは取締役に降格させるなどの措置を行うことができる。

　取締役と似て非なるものに，「執行役員」というものがある。執行役員は会社法上の制度ではなく，任意の機関である。執行役員とは，確定した経営方針に沿って，具体的に業務を執行する個人である。執行役員という名称の背景には，取締役あるいは取締役会の少人数化による意思決定の簡素化や迅速化，専門家による事業経営の効率化，取締役あるいは取締役会の負担や責任の軽減などが挙げられる。執行役員は，株式会社と雇用関係にある支配人その他の重要な使用人となる。しかし，委任関係にある取締役が執行役員を兼任することも多々ある[10]。

3-3 監査役と監査役会

　株式会社が設置すべき主要機関の一覧を整理したものが**図表４－９**である。監査役は，大会社（5億円以上の資本あるいは200億円以上の負債を有している株式会社）および公開会社（譲渡制限の無い株式を発行している株式会社）において設置が義務づけられている機関である。監査役は，株主総会において選任される。監査役は，株式会社で行われている業務に対して，法令や定款などに違反していないかを監査し，会社に対して監査した結果を報告する義務を負う。原則として，監査役の業務の中に，取締役の経営判断の妥当性を調査・判定することは含まれていない。しかし，著しく不当であると思われる件については調査・判定することは可能である。監査役は，株主総会の議案が法令や定款に違反していないかを事前に調査し，取締役会を招集する権限を持つ。さらに，取締役に対して訴訟を行う場合には，監査役が会社を代表することになる。監査役は取締役会への出席が義務づけられており，必要に応じて，意見を表明することが求められる。

　監査役会は，大会社かつ公開会社において設置が義務づけられている機関である。監査役会は3人以上の監査役から構成される組織体であり，その半数以上は社外監査役でなければならないとされている。社外監査役とは，株式会社の監査役であって，過去に当該株式会社またはその子会社において取締役，会計参与（会計参与が法人の場合は，その職務を行うべき社員）もしくは執行役または支配人その他の使用人となったことがないものとされている。監査役会の職務として，以下の3つが規定されている（会社法第390条）。

(1) 監査報告。
(2) 常勤の監査役の選定及び解職。
(3) 監査の方針，業務・財産の状況の調査およびその方法などに関する事項の決定。

　各監査役は監査役会の招集権を持ち，必要に応じて開催することができる。

図表4－9■株式会社における主要機関の設置義務

種類	指名委員会等設置会社・監査等委員会設置会社	大会社		それ以外の会社	
		公開	非公開	公開	非公開
規模	無関係	資本金5億円又は貸借対照表の負債額200億円以上		大会社と委員会設置会社でないもの	
株主総会	設置必要				
取締役	設置必要				
取締役会	設置必要	設置必要	不要（設置）	設置必要	不要（設置）
監査役	設置不可	設置必要	設置必要	設置必要	不要（設置しない場合は参与設置必要）
監査役会	設置不可	設置必要	不要（設置）	不要	不要（設置）
会計監査人	設置必要	設置必要	設置必要	不要	不要（設置）
会計参与	不要	不要	不要	不要	不要（設置）

(出所) 各種資料より作成。

監査役が監査役会を招集するには，事前に全監査役に通知する場合と監査役全員の同意によってその場で開催する場合がある。監査役会での議決は，全監査役の過半数の同意で承認される。取締役と同様に，監査役の責任や権限を第三者に委譲することはできない。

会計参与は，取締役と共同して，計算書類，その附属明細書，臨時計算書類，連結計算書類の作成を行う。会計参与の設置は任意であるが，監査役が設置されていない非公開の株式会社では，会計参与を設置が必要である。

会計監査人は大会社と「指名委員会等設置会社」・「監査等委員会設置会社」において設置が義務づけられている機関である。会計監査人の職務は計算書類と付属明細書などを監査し，会計監査報告を行うことである。会計監査は専門的な知識と経験が必要であるので，公認会計士または監査法人が行うのが一般的である。

3-4 指名委員会等設置会社と監査等委員会設置会社

株式会社の中には，「指名委員会等設置会社」（旧委員会設置会社）と呼ばれるものがある。この会社には，取締役候補の議案を作成する指名委員会，

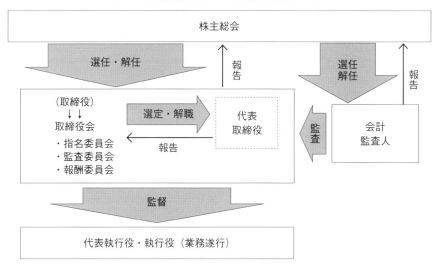

図表4−10■指名委員会等設置会社の構造

(出所) 各種資料より作成。

業務監査の実施や会計監査人候補の議案作成などを行う監査委員会，役員報酬を決定する報酬委員会が設置されている。監査役にかわり，社外取締役を中心とした指名委員会，監査委員会，報酬委員会を設置することによって，会社経営の中立性と健全化を図るものである。

委員会等設置会社は，2015年5月に施行された改正会社法によって指名委員会等設置会社に名称が変更されたが，ここで設置される指名委員会には構成員の公開義務があり，そこでの決議には法的な拘束力がある。その一方で，指名委員会等設置会社以外も指名委員会を設置することはできる。しかし，指名委員会等設置会社以外の指名委員会は任意の機関であり，構成員の要件や情報開示の義務はなく，法的な拘束力は弱い。

指名委員会等設置会社では，所有と経営に加えて，「監督」(取締役会) と「執行」(執行役) が制度的に分離されている（**図表4−10参照**）。取締役会が行ってきた業務執行は，執行役に移行されている。それによって，取締役会の権限は，基本的な経営事項の決定と執行役の選任・監督に縮小されている。業務執行を担当する役員として執行役を置くことによって，監督機能と

業務機能を分離している。執行役は，指名委員会等設置会社において会社法第402条で設置が義務づけられている機関である。そして，取締役会から委任された事項に関して意思決定と執行を行う（会社法第418条）。執行役は，取締役会の決議で選任・解職される。会社法上，執行役は一使用人ではなく，特別の責任を負うこともある。通常，取締役と執行役の任期は1年で，取締役と執行役の兼務は可能となっている（会社法第402条）。

また，2015年5月1日施行の改正会社法によって指名委員会等設置会社に加えて，「監査等委員会設置会社」制度が創設された。監査等委員会設置会社には，監査等委員会の設置が義務付けられている。監査等委員会設置会社では，指名委員会等設置会社で設置が義務付けられている指名委員会と報酬委員会は任意の機関となる。監査等委員会設置会社の監査等委員会は，指名委員会等設置会社の監査委員会と同様に，取締役のみで構成されている（会社法第399条）。監査等委員会設置会社は指名委員会等設置会社と比べて簡易なものであり，上場企業を含めて導入が急増している。それによって，優秀な社外取締役の確保が困難という問題はあるが，監査役に代わって，社外取締役によって経営の監視が強化されることが期待されている。

4 会社の計算

4-1 企業の利益とは

『精選版日本国語大辞典』によると，利益には「①もうけたもの。とく。利分。得分。りやく。②ためになること。益になること。③企業の経済活動によって会計上生じた，元入れおよび増資以外による資本の増加分。」の意味がある。営利を目的とする会社にとって，利益を獲得することあるいは利益額を増加させることは，経営上の最重要課題である。

最初に，利益とは「利益＝売上－費用」と単純（計算）に表現することができる。利益は，売上高と費用のバランスによって決まるものである。利益を増加させるには，①売上を伸ばし，費用を小さくする。②費用が増加して

も，それ以上に売上を伸ばす。③売上を減らしても，それ以上に費用を削減する，などの方法がある。

　売上は，商品やサービスの対価として得る金額である。1種類の商品を定価で販売している場合，売上は「売上＝売価×販売個数」となる[11]。売上を伸ばすには，①販売価格を上げ，販売個数も増やす，②販売個数を減らしても，売上が増加するように価格を上げる，③販売価格を下げても，売上が増加するように販売個数を増やす，④取扱商品の種類を増やす，などの選択肢がある。

　そして，販売個数を増やすには，①値引き販売を行う，②宣伝・広告などの販売促進を行う，③ブランドイメージを向上させる，④営業時間を延長する，⑤商品数を増やす，などさまざまな選択肢がある。しかし，会社側がこれらの選択肢を採用したとしても，最終的な結果は消費者の行動などによって決まるので，狙い通り販売個数を増やせるかどうかは不透明である。さらに，売上を増やすための対策は，費用を増加させるものも多く，販売個数を増やしても，利益の増加に直接つながるかは不明である。

　このように利益はさまざまな要因のバランスで決まる。しかし，そのような中で，販売価格は売り手側が，それぞれの状況に合わせて，簡単に操作できるものである。通常，販売価格の値上げは，販売個数の減少を招きやすい。その一方で，市場を独占的に支配している場合やブランドイメージが強固な場合は，高めの価格設定によって，売上や利益を増加させることが可能である。会社（売り手）は，マーケットの状況や自社製品の市場における位置づけなどを考慮して，自社製品の価格帯を戦略的に設定し，そして，状況に合わせて価格を柔軟に変更するかしないのかを決定しなければならない。その際，事前の需要予測の精度と需要の価格弾力性によって，実際の販売実績との乖離が生じることも予測される。

　次に，費用（コスト）とは，何かを購入あるいは何かをするために要するもの全般を指す言葉である。具体的に利益額を算出するためには，売上と同様に，費用も金額として表記しなければならない。費用にはさまざまなものが含まれており，費用の分解は多様な方法で行われている。経営学における

一般的な分類は,「固定費」と「変動費」に分解することである。固定費は,生産量に関係なく発生するもので,土地代や人件費,さらには設備投資などである。すでに支払ってしまったものあるいは生産を中止しても生じる費用なので,固定費は「埋没費用」(sunk cost)とも言われる。それに対して,変動費は生産量に応じて変化する費用で,材料代金や加工費用などが相当する。変動費は,生産あるいは販売した数量に比例する費用である。1個当たりの変動費用が一定の場合,生産個数に1個当たり変動費を乗じたものとなる。費用を削減するには,①固定費の削減(資産を持たない経営)や,②1個当たりの変動費の削減(ローコスト・オペレーションの追求)などがある。しかし,固定費と変動費の間には,ある程度の負の相関関係があり,両者のバランスにも配慮しなければならない。巨額の設備投資を行った場合には,大量生産が可能となり,1個当たりの変動費を削減させることができるようになる。しかし,投資した分(固定費)を回収するためには,大量に生産・販売しなければならない。土地代や人件費が安い国で操業する場合には,固定費と変動費を同時に削減することが可能になるかも知れないが,市場へのレスポンスやブランドイメージなどが下がり,売上に悪影響が出ることも予想される。このように利益は,売上と費用のバランスで決まるものであり,そのことを理解した上で,販売価格および費用構造を設定しなければならない。

4-2 損益分岐点

一般的に,会社では事業や投資を行うかどうかの意思決定の際に,事前に採算性の検討を行う。具体的には,検討している事業の売上高がどの程度であれば,必要な費用の合計額を上回るのかを分析するのである。固定費や変動費などの費用の合計と売上が均衡する点を「損益分岐点」と呼ばれている。損益分岐点を超えた売上を達成できれば,利益を獲得することができる。設備投資や事業参入の意思決定の際には,会社は損益分岐点を超える見込みがあるかを目安として事業機会をうかがっている。

損益分岐点売上高は固定費を（1－変動費率）で除したものである。変動費率は変動費を売上高で除したものであり，（1－変動費率）は固定費の回収に回せる比率となる。したがって，固定費を（1－変動費率）で除した損益分岐点では，理論上，変動費に加え，固定費が全額回収されていることになる。

　そして，損益分岐点では，売上と費用が一致する。**図表4－11**は，損益分岐点を分析する際の典型的な売上，費用，利益の関係を示したものである。そこでは以下のような仮定がなされている。

(a)　会社は1種類の製品を販売している。
(b)　製品の販売価格が一定（売上高は販売量に比例）である。
(c)　単位当たり追加費用は一定（変動費用総額は生産量に比例）である。
(d)　生産された製品はすべて完売されている。
(e)　固定費と変動費が明確に区別（算定）可能である。

　以上のような仮定に基づいた場合，生産・販売数量を横軸，そして金額を

図表4－11■損益分岐点分析

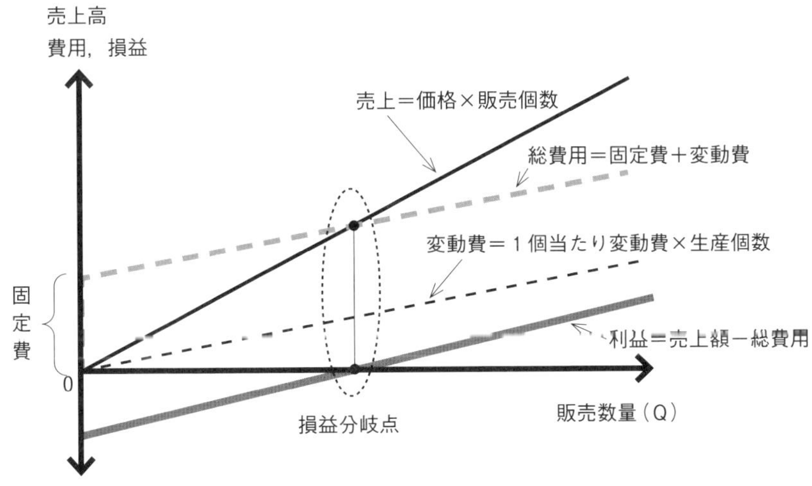

（出所）　筆者作成。

縦軸として，図表4-11のように，売上，費用，利益を直線として表現することができる。損益分岐点の数量を生産・販売した時点で，売上と費用が均衡し，それ以上売れれば黒字となる。

会社は操業を開始する前に，販売価格，固定費（投資の実行や中止など），1個当たりの変動費（材料や工程の変更）などを検討し設定する[12]。販売価格を変更した場合には，図表4-11上の売上を示す直線の傾きが変わる。例えば，値上げした場合には，損益分岐点が左側に移動し，それによって，少ない生産・販売量で損益が均衡するようになる。その一方で，値下げした場合には，損益分岐点が右側に移動し，より多くの量を生産・販売しなければ損益は均衡しなくなる。

他方，さらなる設備投資を行う場合には，その分だけ費用を示す直線の切片が大きくなり，費用を示す直線が上方に移動する。それによって，損益分岐点が右側に移動し，より多くの量を生産・販売しなければ損益は均衡しなくなる。逆に，会社の資産を処分することにより，費用を表す直線を下側に移動させることができる。その場合は，損益分岐点が左側に移動し，少ない生産・販売量で損益を均衡させることができる。そして，1個当たりの変動費を変更した場合に，費用を示す直線の傾きが変化する。1個当たりの変動費を増加させた場合には，損益分岐点が右側に移動する。そして1個当たりの変動費を削減した場合には，左側に移動する。

会社にとって，事業を開始する前に，さまざまなシナリオに沿って，損益分岐点を分析することは必要な事前準備の1つである。それによって，採算の見込みの低い事業への参入を中止することもある。また採算の見込みが低くなる販売価格，高い固定費の割合，1個当たりの変動費などの設定について，事前に修正を加えることができる。

4-3 財務諸表

会社は，利害関係者に経営成績や財政状態を報告するために「損益計算書」や「貸借対照表」などの財務諸表を作成することが法律上義務づけられている。「損益計算書」（Profit and Loss Statement：P/L）では，売上ある

図表4-12■損益計算書の一例

売上高	1,000,000	A	
売上原価	600,000	B	
売上総利益	400,000	C＝A－B	
販売費および一般管理費	100,000	D	
営業利益	300,000	E＝C－D	
営業外収益	50,000	F	
営業外費用	20,000	G	
経常利益	330,000	H＝E＋F－G	

(出所) 筆者作成。

いは収入からさまざまな費用を差し引き,各種利益額が算定される。損益計算書は当該事業年度内の各種利益額を計算するものである。

図表4-12は,損益計算書の一例を示したものである。売上（A；1,000,000円）の水準は,市場の状況や自社製品の競争力によって決まる。売上（A）から売上原価（B；600,000円）を控除したものが,売上総利益（C；400,000円）となる。さらに,売上総利益から一般管理費・販売費（D；100,000円）を控除したものが,営業利益（E；300,000円）となる。営業利益（E）に営業外収入（F；50,000円）を加算し,営業外費用（G；20,000円）を控除したものが,経常利益（H；330,000円）となる[13]。

損益計算書の数値を活用して,さまざまな経営状況の分析が行われている。その中で,基本的な指標が売上高総利益率である。この指標は,売上総利益（C）を売上（A）で除したものであり,ビジネスが基本的に成立するかを示している。次に,営業利益（E）を売上（A）で除したものが売上高対営業利益率である。この指標は,本業でどの程度効率的に利益を得ているのかを判断するものである。これらの値は大きいほうが望ましい。そして,売上高対販売・管理費比率は,一般管理費・販売費（D）を売上（A）で除したものである。この指標は販売効率を判断する指標で,値は小さいほうが望ましい。

一方,「貸借対照表」（Balance Sheet：B/S）は,会社のある時点の財政

図表4－13■貸借対照表

資産の部	負債及び純資産の部
流動資産（I）	流動負債（L）
固定資産（J）	
有形固定資産	固定負債（M）
無形固定資産	
投資他	純 資 産（N）
繰延資産（K）	

(出所) 各種資料より作成。

状態を示すものである。貸借対照表は，**図表4－13**のような構造をしている。左側が資産の部（借方），右側が負債・純資産の部（貸方）と呼ばれている。資産の部は，現金・預金・製品・設備・土地などの資金状況が記載されている。そして，負債および純資産の部は，負債と純資産から構成されている。負債は，1年以内の返済が必要な流動負債と，長期的に返済を予定している固定負債からなり，借入金や社債などによる資金調達状況が記載されている。純資産の部分には，株主から調達した株主資本と株主資本以外に区分され，記載されている。

　貸借対照表の最大の特徴は，資産の部の合計と負債および純資産の部の合計が等しくなることである。図表4－13上では，「（I）＋（J）＋（K）＝（L）＋（M）＋（N）」が等しくなる。貸借対照表の左右は均衡するように設定されている。

　貸借対照表上の数値からさまざまな指標を作成して，財政状況の分析が行われている。その代表的なものが，流動比率と自己資本比率である。流動比率は流動資産（I）を流動負債（L）で除したものであり，1年以内に返済義務が生じる負債への支払い能力を示すものである。流動比率の理想的な数値は1.5～2.0（150％～200％）と言われ，この数値が小さ過ぎる場合は支払いが滞る危険性が高まり，逆に高過ぎの場合は流動資産が過剰で，資金が有効に活用されていない状態となる。自己資本比率は，純資産（N）を資産総額（I＋J＋K）で除したものである。会社が借金経営体質かを判断する指

標であり,大きいほうが借金による経営体質ではなくなることを意味している。他にも,損益計算書や貸借対照表上の数値を組み合わせた重要指標として,総資本営業利益率がある。これは売上高営業利益率に総資本回転率を乗じたもので,経営分析を総合的に行うことができる指標である。

5 企業統治の目的

5-1 長期利益の獲得

改めていうまでもなく,会社は営利を目的とする法人である。会社自体は長期的に存続すること(ゴーイング・コンサーン)が前提であるので,短期的な利益より,長期的に安定して利益を獲得し続けることが重要課題となる。**図表4-14**は株式会社の活動の全体像の一例を示したものである。その主な

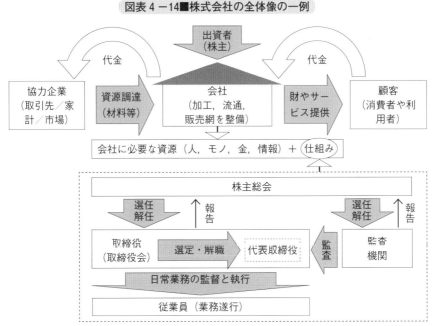

図表4-14 株式会社の全体像の一例

(出所) 筆者作成。

収入源は,顧客への売上である。その顧客に財やサービスを提供するために,会社は社内外の資源を最大限活用しなければならない。営業利益とは,売上高(収入)から売上原価と販売費および一般管理費を控除したものであり,会社の営業活動の成果を示している。さらに,営業利益に営業外損益を加減したものが経常利益となる。

会社は,人,モノ,金,情報などを有効に活用することによって,収益性や安定性を高めることができる。保有している経営資源を有効に活用するには,社内の仕組みが重要な働きをする。所有と経営を分離している株式会社では,株主総会から委託された取締役が業務を監督・執行している。そして,株主総会から委託された監査役は,取締役の行動および会社の活動が法令を遵守しているか,また定款に従っているかを監視する仕組みとなっている。

しかし,利益の獲得に必要な資源がすべて社内にあることは,局所的なビジネスでも行わない限り,ごく稀である。社外の資源も有効に活用することが不可欠である。さらに,長期的に安定した利益を獲得するためには,社内だけでなく,協力企業や提携先などをはじめとした社外の個人や組織との友好的な関係を構築することが極めて重要となる。

5-2 社会的責任の遂行

すでに指摘したように,多くの会社にとって,長期的に存続することが1つの大きな目標である。長期的に存続するために,経営学では,将来性を考慮した事業構成,競争優位を発揮できるようなポジショニングの採択,持続的競争優位を生み出す資源の獲得・強化などの活動に注目が集められてきた。しかし,今日では,会社が善良な企業市民であることも長期的な存続の必要条件として考えられるようになっている。

会社は社会および地域の一員であり,社会と共存関係にある。会社は,社会における活動を通して利益を獲得する。その一方で,会社は,社会に対して責任を負う存在でもある。社会の中には,会社と利害関係を有する多様な人々が存在する。**図表4-15**で示しているように,会社にとって最も身近な利害関係者(ステークホルダー)は,出資者(株主)や従業員(使用人)で

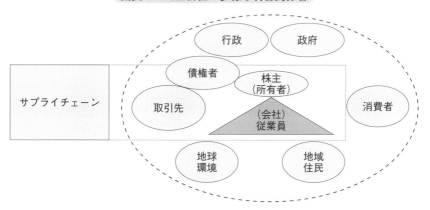

図表4-15■会社の多様な利害関係者

(出所) 各種資料より作成。

ある。出資者は会社の所有者であり，会社の資産価値の増減が彼らの財産の増減につながる。そして，従業員は，長期的に安定かつ快適な職場で働くことを望んでおり，会社の業績や従業員への待遇などへの関心が高い。

会社にとって，債権者とも良好な関係を保つことは不可欠である。事業に必要な設備投資を金融機関からの融資で行う場合や，信用取引によって買掛金や未払金が発生する場合がある。当然，債権者は融資や売掛金などを確実に回収することを望む。したがって，当該会社に対して，堅実な経営と適切な情報公開を求めるのは当然のことである。

消費者への財・サービスの提供はサプライチェーン（Supply Chain）のゴールというべきものである。消費者が提供されている財やサービスに満足しなければ，継続的な購買につながらない。消費者の満足の度合いには，品質や価格だけでなく，会社あるいはサプライチェーンの体質にも影響を及ぼす。例えば，原材料や労働などに関して法令が遵守されていないことが判明した場合には，消費者の信頼を裏切ることになり，会社およびサプライチェーンの存続の危機につながることにもなりかねない。

地球環境や地域住民は，会社とのビジネス上の関連は相対的に弱いが，会社にとって無視することのできない利害関係者である。会社の規模が巨大化

し，その活動がグローバル化することによって，地球環境や地域住民に多大な影響を与えている。その活動規模に比例して，地球環境や地域住民への配慮が必要になることはいうまでもない。

　一方，政府は，規制や政策を通して会社の活動を左右する。会社は法人税などの税金を納める一方で，国や地方公共団体が整備した道路・港湾・空港・上下水道などのインフラや各種制度を活用してビジネスを行う。政府は規制や法令を制定し，会社や市民の活動を制限する。その規制の中身は，安全・健康関係，労働関係，環境関係，交通・物流関係など多様な範囲に及んでいる。会社は，最低限，これらの法令や規制を遵守しなければならない。

　今日，会社は多様な利害関係者に対して法令で定められている以上に，さまざまな責任ある行動が求められるようになっている。企業の社会的責任は「CSR」(Corporate Social Responsibility) と呼ばれ，企業の社会における評判や評価も，株価，売上，資金調達などに多大な影響を与える。最近では，企業側もこのことを重要視しつつあり，CSR活動を積極的に進めるようになっている。具体的には，①国内外の行動規範を遵守し，倫理的に行動すること，②利害関係者の利害や人権を尊重すること，③企業活動の透明性を確保し，利害関係者への説明責任を果たすことなどである。多様な利害関係者の利害を調整し，多様な利害関係者から協力体制を構築しなければならない。そのためには，企業統治あるいは組織統治のあり方が重要な働きをすることになる。

　伊丹［2009］では，国家の統治の考え方から類推して，企業統治を「企業が望ましいパフォーマンスを発揮し続けるための，企業の『市民権者』による経営に対する影響力の行使」と定義している[14]。その主権が社会から受け入れられるための3つの要素として，経済合理性（公正性・効率性），制度的有効性（現実的機能性・チェック有効性），社会的親和性（歴史状況・権力の正統性）が挙げられる[15]。

　さらに，国際標準化機構(ISO：International Organization for Standardization)では，組織（企業を含む）の社会的責任（SR：Social Responsibility）を，健康と社会の反映を含めた持続的な発展に貢献する透明かつ倫理的な行動を

通じて，社会および環境に影響を及ぼすものとしている。そして組織の決定および活動は，利害関係者の期待（利害）に配慮し，関連法令の遵守および国際行動規範を尊重し，組織全体で統合され，その組織の中で実践されるものであると述べている[16]。

　会社は，自らの決定および活動の社会に与える影響に責任を持ちながら，多様な利害関係者を満足させるように活動を統合的に管理していくことが求められている。会社は，社会の発展に寄与するという使命を有し，それに沿って組織が一丸となって行動することが多様な利害関係者にとって有益なこととなる。そして，それが会社の長期的な繁栄の礎となると考えられる。

●注
1　総務省統計局のホームページ「会社数の推移」〈www.stat.go.jp/data/jigyou/2006/kakuhou/gaiyou/08.html〉を参照されたい。
2　会社法第13条によると，支配人のような外観を有するものを表見支配人と呼び，その外観を信じた第三者への発言などに対しては，会社として責任を負わなければならないことがある。
3　人の集合体である社団に対して，財産の集合体の法人を財団と呼ぶ。
4　それに対して，所有と経営が未分離となっている合名会社，合資会社，合同会社などの持分会社では，社員全員が業務を執行する一体経営が行われている。
5　日本の中小企業の場合には，融資の際に金融機関から個人保証を求められるケースが多く，有限責任の範囲を超える責任を負うことも多々ある。
6　会社法第107条では，株式に関して以下のような制限を加えることが認められている。①譲渡による当該株式の取得について当該株式会社の承認を要すること，②当該株式について，株主が当該株式会社に対してその取得を請求することができること，③当該株式について，当該株式会社が一定の事由が生じたことを条件としてこれを取得することができること，などである。
7　会社法の中では，制限付の株式の名称は命名されているが，制限のない株式の名称は命名されていない。
8　詳細は，証券保管振替機構のホームページ〈www.jasdec.com〉を参照されたい。
9　会社法第356条では，取締役に対して，その会社で得た情報などを活用し，顧客を奪うなどの行為（競業取引）や，会社の利益を犠牲にして，自己あるいは第三者の利益につながる行為（利益相反取引）などを制限している。
10　最近では，企業のグローバル化に伴って，CEO兼代表取締役などの肩書を付す企業も多い。
11　商品や製品には定価が付されているが，実際には，全国画一的に定価販売するこ

とは難しく，販売促進や交渉などによって値引きなどが行われることが多い。
12 販売価格，固定費，1個当たりの変動費，販売数量は，完全に独立的な関係にあるとは言えない。例えば，販売価格を値上げすれば，売れ行きが悪くなる。そして，最新の設備を導入した場合，固定費は増加するが，1個当たりの変動費の削減が進むことが多い。素材を変更した場合には，1個当たりの変動費以外にも，販売価格や販売数量に影響を及ぼす可能性がある。
13 営業外収益や営業外費用とは，利子の受け取りや利子の支払いなど，営業活動と関係ない収入や費用のことである。
14 市民権者には多様な利害関係者が含まれている。『広辞苑』によると，「市民権には，①市民としての権利，②市民としての行動・思想・財産の自由が保障され，居住する地域・国家の政治に参加することができる権利」という意味がある。
15 詳しくは，伊丹敬之［2009］『日本型コーポレートガバナンス（第7版）』日本経済新聞社，p.17を参照されたい。
16 詳しくは，日本規格協会［2011］『日本語訳 ISO26000：2010 社会的責任に関する手引き』日本規格協会，p.40を参照されたい。

第5章

公共領域のマネジメント

1 公共領域の定義と社会的な役割

1-1 公共領域の組織と活動

「公共」(public) には，名詞と形容詞の両方の意味がある。まず，形容詞の主な意味は，公の，公共の，社会（全体），公開の，公衆のための，公立の，公的な，公務の，公共団体の，公然の，などである。一方，名詞の場合には，一般の人々，公衆，大衆などである[1]。公共には，限定なしの意味で用いられる場合と，民間の対義語として用いられる場合がある。

ある組織や活動が公共領域に含まれるかどうかを判断する際には，所有形態あるいは目的の違いで判断するかで結果が異なることがある。所有形態から判断する場合は，組織が公共セクターか民間部門かに大別される。その組織の所有者が公共部門に属するものと判断されれば，その組織は公共領域になり，その組織の主たる活動は公共サービスとみなされる[2]。目的によって判断される場合には，その組織の目的と活動内容が公益（非営利）追求なのか私益（営利）追求なのかで大別される。その組織の活動目的や内容が公益（非営利）追求と判断されれば，公共領域に属することになる。

所有形態に基づいて公共領域と判断される法人組織には，公的な機関によって設立・運営されている公法人が該当する。公法人の中には，公的資金でほぼ完全に設立・運営されている内閣府や地方公共団体のような法人もあ

れば，従来は国の行政機関（省庁）が行っていた事業を経費の削減目的などで行政機関から分離・独立した独立行政法人もある。一見，所有形態から公共領域に属するかどうかを判断したほうが容易であるように考えられる。

しかし，世界的な規制緩和あるいは行政改革の下で，公共部門の民営化や経営形態の変更，さらには民間部門との連携が進展している。民間法人の中にも，特定非営利活動促進法を根拠とする特定非営利活動法人（いわゆるNPO法人）や「公益社団法人及び公益財団法人の認定等に関する法律」を根拠法として設立される公益法人などのように，非営利あるいは公益を目的とするものも多数存在している[3]。所有形態からの分類では実態に合わないケースも多くなっている。今後，公共領域を考察する際には，所有形態より，活動目的やその内容が重要になるものと思われる。

国や地方公共団体が行う公共サービスや，認定された公益法人が公益事業を行う場合には多様な形態が含まれている[4]。さらに，これらのサービスや事業の中には，単独の法人がすべて行うことは非効率的なものも多い。実際には，貴重な地域資源を有効に活用するためにはPPP（公民連携）などが進められており，公共サービスや公益事業をさらに安定的かつ効率的に行うための地域における公共領域のマネジメントの考え方が進展している[5]。

1-2 インフラ管理の課題

公共サービスや公益事業は，国民生活とって必要不可欠な財・サービスである。他方，他の財・サービスで代替することが困難なケースが多く，したがって「公共財」あるいは「準公共財」と呼ばれている。特に，巨大なインフラ（社会基盤）を保有する電気事業・都市ガス・水道事業などは生命活動の維持や経済活動と直結していることもあり，「ライフライン」とも呼ばれている。このような公共サービスや公益事業は，公共サービス義務（Public Service Obligation）やユニバーサルサービス（Universal Service：全国あまねく均一で公平なサービス）が保障されていなければならないものが多い[6]。

公共サービスや公益事業のもう1つの特徴は，地域独占的傾向が強いこと

である。地域独占とは，地理的条件や経済的・技術的理由などによって，ある範囲の市場が独占されている状態である。地域独占が成立する前提条件としては，生産量（需要量あるいは取扱数量）の増加に伴い平均費用が低下する「規模の経済性」（economies of scale）が発揮できる状況が挙げられる。ある地域において公共サービスや公益事業が独占ではなかった場合には，需要量あるいは取扱数量が減り，規模の経済性を十分に享受することができなくなる。

電気事業・都市ガス・水道事業・鉄道事業・通信事業などは，典型的な地域独占型の公益事業として重要な役割を担ってきた。しかし，今日の規制緩和の流れの中で，参入条件の緩和や家庭部門を中心とした小売全面自由化などが進展している。2013年11月および2014年6月には電気事業法が改正され，2016年4月1日には家庭を含めた電力の小売全面自由化が実施された。同様に，2017年4月1日には都市ガスも小売全面自由化が実施された。さらに，技術革新（イノベーション）の進展によって，強固な地域独占状態が崩れ，競争が複雑化している公益事業もある。現在，エネルギー分野で繰り広げられている市場競争は，同一事業者間のものだけでなく，通信事業者などをも含めたさまざまな異業種からの参入によるものが増えている。

日本経済と国民生活を支えているライフラインを今後とも維持するためには，インフラの整備・更新が不可欠である。しかし，日本国内では少子・高齢社会の進展に伴って，人口が減少に転じている。そして，国や地方公共団体が巨額の財政赤字を抱えていることもあり，財政の健全化が求められている。その結果，公共事業や公共サービスの繰り延べや，場合によっては打ち切りなども行われている。さらに，高度経済成長期に膨大な道路網や水道施設が敷設・建設され，現在，それらの多くは更新時期に入っている。そのような状況下においても，ライフライン機能を有しているサービスは，今後とも安定的に提供されなければならず，インフラ資産を維持・管理する新しい「アセットマネジメント」の考え方（手法）や予算を最大限有効活用するための新たな仕組みづくりが必要となっている。

2012年12月26日に発足した第2次安倍内閣は，成熟した日本経済に新たな

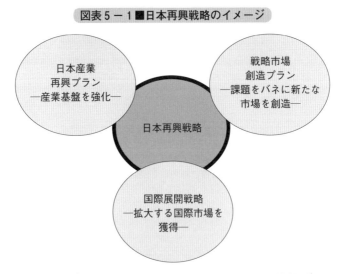

図表 5 − 1 ■日本再興戦略のイメージ

(出所) 内閣府ホームページ (http://www.kantei.go.jp/jp/headline/seicho_senryaku2013.html)

　成長の糧を得るために，2013年 6 月14日に「日本再興戦略」を閣議決定した。この政策は，「日本産業再興プラン」，「戦略市場創造プラン」，「国際展開戦略」という 3 つのアクションプランから構成されている（**図表 5 − 1** 参照）。最初に，日本産業再興プランは，グローバル競争に勝ち得る製造業を復活させ，付加価値の高いサービス産業を創出するとともに，企業が活動しやすく，個人の可能性が最大限発揮できる社会の実現を目指している。次に，戦略市場創造プランでは，世界やわが国が直面している社会課題のうち，日本が国際的な強みを有している 4 つのテーマを選定し，これらの社会的な課題を世界に先駆けて解決することによって，グローバルな市場の中で新たな成長分野を切り拓くというものである。最後に，国際展開戦略では，積極的な世界市場への展開と対内直接投資拡大等を通じて，世界のヒト，モノ，資金を日本に惹きつけ，世界の経済成長を取り込み，日本国内の徹底したグローバル化を推進することを意図している。

　日本再興戦略を実施するために設置された「産業競争力会議」（議長は内閣総理大臣）においては，インフラの再構築や新しい運営手法などが提言さ

れている。一例を挙げれば，利用料金を徴収している上・下水道や空港，高速道路，公営地下鉄など官製インフラ全般の事業運営権等を民間に売却して参入機会を与え，事業運営権の売却で得られる財源で老朽化したインフラの整備を進めるというものである[7]。その際，国や地方公共団体はインフラの所有権を有した状態で，運営権のみを民間に売却し，それによって業務や財政面での効率化を図ることを狙いとしている。

　日本再興戦略は，2014年・2015年・2016年と改訂され，2017年には未来投資戦略として新たな施策が展開された。2018年2月6日には「産業競争力の強化に関する実行計画（2018年版）」が閣議決定された。

1-3　公共領域マネジメントの体制

　『日本国語大辞典』によると，官僚主義という言葉はどちらかというと，非難あるいは軽蔑する意味で用いられ，「官僚制のもとにある国家の官庁や社会集団にみられる特有の行動様式と意識状態」とされている。さらに，「上位の者に対しては弱く，下位，外部の者に対しては国の権威を後ろ盾にして尊大，独善的，また，画一的であり，内部では役や仕事の範囲内から出ようとしないで，事を処理しようとし，また，責任をあいまいにする態度，気風など」と続けられている。同様に，官僚制は「特権的な層を形成する官僚が，政治的支配を行う統治形態」とされ，独善性，形式性，画一性などが特色となっている。同時に，官僚政治も「ある種の特権を持つ一部の官僚が実質上の権力を握り，民意を無視して専制的，集権的に行う政治」とされている。官僚という言葉は，特権，縦割り，大企業病などをイメージさせ，ネガティブな経営の代名詞として利用されることが多い。しかし，今日では官僚制のもつ意味は大きく異なっており，官僚の果たす役割は極めて大きいといえる。

　そのような中で，1980年代に，公共経営のスリム化と競争力向上を目指した「ニュー・パブリック・マネジメント（NPM：New Public Management)」の動きが起こった。NPMは，国家財政の窮乏と公的債務の肥大化，そして公共セクターのパフォーマンス（業績／成果）の悪化が顕在化したイ

ギリス，オーストラリア，ニュージーランドなどで生み出された考え方である。このNPM理論は，国や地域，あるいは時代によって，そのコンセプトには大きなバラつきが見られるものの，ほぼ共通している特徴は，①市場メカニズムの導入，②顧客主義への転換，③業績／評価（パフォーマンス）による統制，④ヒエラルキー（ピラミッド型）組織の簡素化，という4つのポイントである[8]。

まず，第1の「市場メカニズムの導入」とは，公共セクターが供給する公共サービスに競争原理を導入することにより，行政サービスの効率性向上や活性化を目指すということである。具体的には，「契約」の概念を公共セクターに取り入れて，「業績／成果による統制」の実効性を高めようというものである。この契約による行政運営システムでは，政策の中枢部門（企画・立案）とその執行（実施）部門とが分離され，あらかじめ決められた業績目標を達成することを条件に，予算や人員等に関する執行部門の裁量権が大幅に拡大することとなる。

次に，第2の「顧客主義への転換」とは，公共サービスの利用者（受益者）であると同時に，納税者である国民や市民を「お客様」と位置づけ，彼らにいかに喜んでもらうか，いかに満足してもらうかということを，行政が目指すべき「最大の使命」として公共経営を行っていくということである。ここでは特に，業績／評価の測定の場面において，顧客である国民や市民が望む成果を行政活動の基準とすべき点が重要とされている。

また，第3の「業績評価による統制」とは，公共セクターの活動基準をこれまでのような事前統制やプロセス管理を重視するのではなく，事後統制つまり成果主義を重視する形に改めていくことである。つまり，行政運営の評価にあたって，「どう行ったか」（法令や規則，予算による管理）ではなく，「行った結果，何がどう変わったか」という業績／成果を重視するということである。言い換えれば，資源投入量（input）の管理から，政策や事業の施行による直接的な結果（output），あるいは政策施行によって生ずるさまざまな成果（outcome）の管理への転換ということを意味している。

最後に，第4の「ヒエラルキー組織の簡素化」とは，先に挙げた①から③

までの基本的考え方を実現するために，従来の組織形態を「集権化されたピラミッド型」から「業務単位に分権化された組織間の契約によるマネジメント環境」へと転換させるということであり，より簡潔に言えば，業績／評価の測定がしやすいよう，「階層型組織」から「フラット型組織」への転換を積極的に進めるということである。

さらに，NPM理論の根本にあるのは，VFM（Value For Money）という考え方である。VFMとは，「一定の租税（財政負担）の支払いに対して，最も価値のあるサービスを提供する」，すなわち「国民や市民のために財政資金を最大限に有効活用する」というものである。近年の欧米諸国における社会資本整備や行政サービスの提供の際には，多くの場合VFMの測定が実施される。例えば，同じ目的の2つの事業を比較する場合，事業コストが同じであれば，より質の高いサービスを供給するほうをもう一方より"VFMがある"と表現し，また，供給するサービス水準が同一である場合には，より低いコストでサービスを供給するほうを"VFMがある"と表現する。そして，公共セクターはVFMのある事業方式を優先的選択することになるのである。

一方，わが国においては，ニュー・パブリック・マネジメントの考え方は，地方公営企業の改革や公共サービスの民間委託などへの動きにつながっている。地方公営企業とは，地方公共団体が経営する水道事業（簡易水道事業を除く），工業用水道事業，軌道事業，自動車運送事業，鉄道事業，電気事業，ガス事業などの企業のことである（地方公営企業法第2条）。地方公営企業は，常に企業の経済性を発揮するとともに，その本来の目的である公共の福祉を増進するように運営されなければならないとされている（地方公営企業法第3条）。これによって，地方公共団体の経営する企業は，組織，財務および従事する職員の身分の取扱いなどで特例的な措置を受けられるようになっている（地方公営企業法第1条）。原則として，地方公営企業の経理は事業ごとに特別会計で行うことになっている（地方公営企業法第17条）[9]。地方公共団体は，地方公営企業の給付について料金を徴収することができる。その料金は，公正妥当なものでなければならず，かつ，能率的な経営の下に

図表 5 − 2 ■行政機関の改革の方向性

項　　目	法令主導　⇒	⇒　サービス主導　⇒	⇒　市民主導
目　標	法的安定性	競争性	地域社会のQOL
考え方の背景	国家	公共セクター	市民社会
統治の仕組み	階層性	市　場	ネットワーク
論理	法的なもの	経済的なもの	政治的なもの

(出所)　Bovaird and Löffler [2003] p.26。

おける適正な原価を基礎とし，地方公営企業の健全な運営を確保することができるものでなければならない（地方公営企業法第21条)[10]。地方公営企業は，独立採算制の追求と顧客サービスの向上を目指して，事業の実施主体を法人化し，事業運営に対する権限委譲と責任体制を明確化したものである。

　それに対して，民営化は，民間の活力を本格的に活用するために，国や地方公共団体が経営していた企業および特殊法人などを民間法人（主に株式会社化）に変更することである。あるいは，そこでの業務を民間企業に譲渡することである。日本国内における民営化の代表事例は，旧三公社（日本電信電話公社，日本専売公社，日本国有鉄道）の株式会社化と民間への売却（上場）である。1985年に日本電信電話公社と日本専売公社が日本電信電話株式会社（NTT）と日本たばこ産業株式会社（JT）に組織転換し，そして，1987年に日本国有鉄道がJR各社に分割・民営化された。さらに，2007年（平成19年）には，郵政民営化関連法に基づいて日本郵政公社が持株会社である日本郵政㈱とその傘下の4つの事業会社（郵便事業㈱，郵便局㈱，㈱ゆうちょ銀行，㈱かんぽ生命保険）に民営・分社化されたが，2012年10月からは4社体制に再編された。

　行政機関の改革の方向性は，法令主導からサービス主導を経て，次第に市民主導になりつつある[11]。**図表 5 − 2** は，法的なものに基づいて国家全体を階層的に管理する体制から，市場原理を踏まえたサービス主導型の体制を経て，地域社会の生活の質（QOL：Quality of Life）の向上を市民主導で行う体制への流れを示したものである。

2 郵便事業のマネジメント

2-1 郵便事業の状況

　2007年10月1日には，日本郵政公社が民営・分社化された。これによって，一体で行われていた郵政三事業が4つの事業会社に分社化され，事業運営上の一体感が損なわれる結果になった。組織の分社化によって生じていたさまざまな問題点を改善することを目的として，2012年に「郵政民営化法等の一部を改正する等の法律」が可決・成立し，同年10月1日から郵便事業㈱と郵便局㈱が統合され，日本郵政グループはそれまでの5社体制から4社体制へと再編されたのである。統合によって誕生した日本郵便㈱においては，民営化以降2系統に分かれていた指揮・命令系統を一本化することによって，トップマネジメントの意思決定を迅速に行えるようにした。そして，郵便局と郵便を扱う支店の統合によって，年賀はがきやゆうパックなどの営業・販売を一体的に行うことが可能となった。加えて，分社化によって重複していた間接部門をスリム化・統合化する狙いがあった。その一方で，「郵政民営化法等の一部を改正する等の法律」によって，貯金や保険における金融のユニバーサルサービスの義務づけが行われ，結果として，郵便局で郵政三事業が一体的に利用できる仕組みに改められたのである[12]。

　さらに，2011年には「東日本大震災からの復興のための施策を実施するために必要な財源の確保に関する特別措置法」が制定された。それによって，復興債の償還費用の財源を確保するため，持株会社である日本郵政㈱の株式を，発行株式総数の3分の2を限度として，できる限り早期に処分することとされた。その実施には，日本郵政㈱の経営状況や収益見通しなどを考慮して行われることになった[13]。

　日本郵政グループ全体の経常収益（売上）は年々減少傾向にある。**図表5－3**で示しているように，2009年3月期（2008年4月1日〜2009年3月31日）に約20兆円あった経常収益が8年後の2017年3月期には約13兆円となり，

図表5－3 郵政グループの収入と利益率の推移

(出所) 日本郵政グループの決算報告をもとに作成。

3分の2程度にまで落ち込んでいる[14]。その直接的な要因は，㈱かんぽ生命保険の保有契約数の減少による保険料収入の減少などが挙げられよう（**図表5－4参照**）。

　2014年3月期の決算では，グループ会社を統括する日本郵政㈱の経常収益ならびに経常利益ともに増加している。日本郵政㈱は純粋持株会社としての機能の他に，病院事業や宿泊事業，グループ共通事務の受託事業なども営んでいる。日本郵政㈱の財務状況が改善した要因としては，事業子会社の経営が改善し，各社からの配当金が昨年より大幅に増加したことなどが挙げられる。

　一方，日本郵便㈱の郵便物等の総取扱物数は減少傾向にある。その要因としては，インターネットや電子メールの普及等によって郵便物（国際郵便を含む）が減少していることが挙げられる。他方で，「ゆうパック」や「ゆうメール」は増加傾向にある。郵便事業における「ゆうパック」や「ゆうメール」は郵便事業の根幹をなすものである（**図表5－5参照**）。「ゆうパック」

第5章 公共領域のマネジメント 125

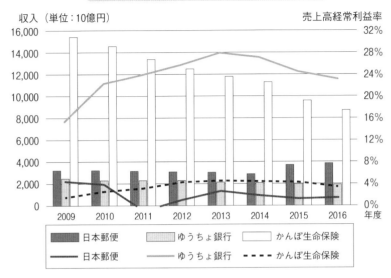

図表5-4 郵政グループの各企業の業績推移

(出所) 日本郵政グループの決算報告をもとに作成。

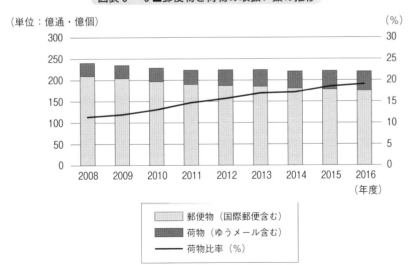

図表5-5 郵便物と荷物の取扱い数の推移

(出所) 各種資料より作成。

や「ゆうメール」の属する宅配便事業やメール便事業には競合他社が多数存在しており，市場において激しい競争が繰り広げられている。

2-2 日本郵政㈱による中期経営計画の策定

日本郵政グループは，2014年2月，2014年から3カ年に行うべき経営目標を具体的に提示した「日本郵政グループ中期経営計画―新郵政ネットワーク創造プラン2016―」を発表・実施した。この計画の第Ⅰ部は「グループ中期経営計画策定の環境認識と中期的なグループ経営方針（3つの柱）」であり，第Ⅱ部は「事業別主要施策」，第Ⅲ部は「経営目標」となっており，全体で3部構成になっていた。

第Ⅰ部の「グループ中期経営計画策定の環境認識と中期的なグループ経営方針」では，日本郵政グループを取り巻く「外部環境の変化」と「内部環境の変化」が詳細に分析されていた。その中では，民営化以降の厳しい経営環境と改正郵政民営化法を踏まえ，どのようにしたら企業価値の向上が図られ，「新郵政ネットワークの創造」を実現できるのかを提起した。

中長期的なグループ経営方針として，「トータル生活サポート企業」への脱皮を図ることを目指していた。そのための3本柱として，①主要三事業の収益力と経営基盤の強化，②ユニバーサルサービスの責務遂行，③上場を見据えたグループ企業価値の向上，を掲げていた。

最初に，①主要三事業の収益力と経営基盤の強化策とは，郵便・物流事業，ゆうちょ銀行，かんぽ生命保険の主要3事業に関して，それぞれの事業が安定的に利益を獲得できるようにするための対策であった。顧客に提供しているサービスの品質を向上しつつ，手数料ビジネス収入源を多様化しようとするものであった。そのためには，変化するマーケットに迅速に対応できるように，権限移譲やコミュニケーション力の強化などにより，営業力を向上させることが不可欠であった。この他にも，金融受託事業や物販事業，さらには不動産事業などへの多角化も経営基盤を強化する重要な柱として考慮されていた。

次に，②のユニバーサルサービスの責務遂行に関しては，地域・社会とJ

Pグループの共生を実現することを目指していた。「郵便局ブランド」を活かした地域密着・生活サポートサービスの展開を推進することが鍵となる[15]。郵便と金融に関するユニバーサルサービスの責務は郵政グループにとって極めて重いが,「CSR活動の推進」の側面も多分に存在する。ユニバーサルサービスを遂行するには,「自治体等との連携」が不可欠であるし,ユニバーサルサービスの基となるネットワークを活用し,「地域密着型サービスの展開」を図ることが今後の課題である。

さらに,③上場を見据えたグループ企業価値の向上策として,以下の2つのことが掲げられていた。最初に,日本郵便㈱,㈱ゆうちょ銀行,㈱かんぽ生命保険において一体的な営業体制を推進することであった。次に,新規業務や新サービスへの参入による収益ポートフォリオを改善することであった。そのためには,マネジメント体制の刷新や事業継続のための経営環境の整備を行い,内部統制や企業統治（コーポレート・ガバナンス）を強化させる必要がある。

この中期経営計画では,経営基盤を確立するために,日本郵政グループ全体で総額1兆3,000億円の投資を実施することを明らかにしていた。その背景には,民営化以降,日本郵政グループは目先の利益確保に追われ,やみくもに経費節減を図り,緊急を要する設備投資も大幅に抑制してきたことへの反省が挙げられる。短期的な帳尻合わせの経営手法では,どこかに無理が生じ,深刻な状況に陥る恐れがあった。高値での株式市場への上場を目指すなら,持続的に発展可能な経営を維持・発展させるための投資が不可欠であった。

この中期経営計画では,3年間で毎年約4,300億円の投資を予定していた。この投資の主な内訳は**図表5－6**に示したとおりである。この大規模な投資の狙いは 郵便局ネットワークの機能とヒューマン・リソーシス（人的資源）を強化し,それによって商品・サービスの品質向上と顧客満足度（CS）の向上を図ることであった。

中期経営計画の中で,郵便事業（物流事業含む）の目標として,国内トップクラスの物流企業への成長を掲げている。そのための具体的な数値目標と

図表 5 − 6 ■中期経営計画におけるグループ投資予定額（2014〜2016年度）

郵便局などの施設・設備の老朽化対策や社員モチベーション向上のための施設・設備投資	サービス品質の向上，事務作業の効率化やネットワーク高度化などに向けたITシステム投資	グループ保有不動産の資産価値向上を目的とした不動産開発投資	新サービスの展開や人材（財）育成を目指した各種投資	総　　額
5,500億円	4,900億円	1,000億円	1,600億円	1兆3,000億円

（出所）　JPの資料をもとに作成。

して，3年間で「ゆうパック5億個」と「ゆうメール40億個」の獲得を目指していた。2016年度にゆうパックの取扱い個数が5億1千万個となり，中期計画目標の5億個を達成した。そして，2017年度にゆうパックの取扱い個数が6億3千万個にまで急増している。しかし，郵便・物流ネットワークをいかに再編し，郵便・物流ビジネスを安定的な軌道に乗せるのが今後の課題である。

2-3　日本郵政㈱の株式上場

　日本郵政グループには，持株会社である日本郵政㈱の下，日本郵便㈱，㈱ゆうちょ銀行，㈱かんぽ生命保険の3事業会社がある。日本郵政㈱は日本郵政株式会社法，日本郵便㈱は日本郵便株式会社法に基づいてそれぞれ設立された特殊会社であり，その一方で，㈱ゆうちょ銀行と㈱かんぽ生命保険は銀行法および保険業法による一般的な会社である。日本郵政グループは，2015年11月に，日本郵政㈱の株式を上場した[16]。日本郵政㈱の上場により，政府が日本郵政グループの全株を保有する状況が解消された[17]。**図表 5 − 7** は，株式上場直前の日本郵政グループにおける全体像を図示したものである。

　東京証券取引所（以下「東証」と略す）には，2018年5月8日現在，市場第一部に2,085社，市場第二部に513社，マザーズ252社，JASDAQスタンダードに701社，JASDAQグロースに40社，TOKYO PRO Marketに25社の5市場あり，合計3,616社が上場している。東証では，上場諸規則に関わる実効性を確保するための手段の整理および上場制度に関わるさまざまな課題

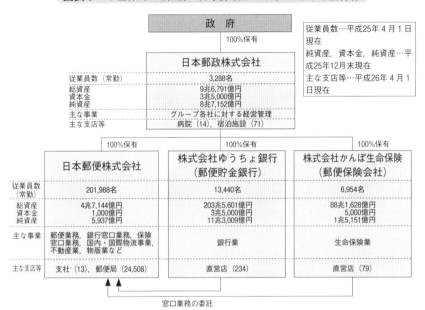

(出所) 日本郵政グループ『日本郵政グループの概要』をもとに作成〈https://www.mof.go.jp/about_mof/councils/fiscal_system_council/sub-of_national_property/proceedings_np/material/zaisana260414f.pdf〉。

を多面的に検討し，企業統治を取り巻く環境の整備を最優先課題としている。2009年4月23日に「安心して投資できる市場環境等の整備に向けて」と題する提言書が取りまとめられ，「投資家が安心して投資できる環境の整備」ならびに「株主と上場会社の対話促進のための環境整備」に重点が置かれている。東証では，一般に株式を上場することのメリットとして，①資金調達の円滑化・多様化，②企業の社会的信用力と知名度の向上，③社内管理体制の充実と従業員の士気の向上，などを挙げている[18]。なお，東証への株券上場審査には，「形式要件（内国株）」と「適格要件」の審査基準があり，上場を申請する会社は東証が定める詳細な規程に基づいて，審査の手続きが進められるのである。

東証においては，新規公開に伴う公募等の手続きとして「競争入札による

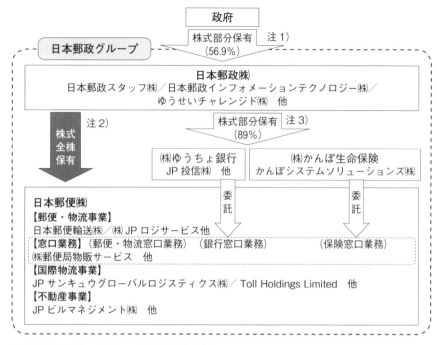

図表5－8■日本郵政グループ各社の株式持分比率と主な事業展開

注1）郵政民営化法では政府に1/3超の保有を義務付けている。
 2）郵政民営化法では日本郵政㈱に100％保有を義務付けている。
 3）郵政民営化法では日本郵政㈱は早期に全株売却するとしている。

（出所）日本郵政㈱のサイトから筆者作成。

公募等による方式」および「ブックビルディング方式」の2つの方式が認められている。競争入札による公募等による方式は、入札が新規公開株の一部についてのみ行われること等もあり、発行済株式数全体の需給を反映したものとはならない可能性がある。そのため、公開価格が高く設定されがちであり、公開後の円滑な流通に支障をきたすとの指摘があった[19]。したがって、東証市場第一部への上場を目指す日本郵政の株式売却方法としては、広く市場慣行として定着している「ブックビルディング方式」が適当であるとの見解が、国有財産分科会の答申において示されていた。

　ブックビルディング方式は、1997年（平成9年）の東京証券取引所の規則

改正により採用された。新規公開時において，一般投資家から機関投資家までの広範な投資家に対する需要状況の調査を行い，その結果に基づいて「売出価格」を決定する方法である。したがって，同方式には合理的な価格形成を行うことができるというメリットがある。以上のことから，日本郵政株式の売却方法の検討においても，ブックビルディング方式による売出価格の決定が適当であり，それによって証券会社が引き受けを行うことがふさわしいと答申されたのである[20]。図表 5－8 は日本郵政グループ各社の株式持分比率と主な事業展開を示したものである（2017年9月末日現在）。

2-4　新規業務への進出

郵便，貯金，保険の事業については，郵便物数，貯金残高，保険契約件数のいずれにおいても右肩下がりになっている。現代の経営環境の変化は激しく，技術やサービスに関するイノベーションを常に創発させていかなければならなくなっている。日本郵政グループの持続可能な経営を実現するためにも，新規事業への進出は避けて通ることができない状況にある。

新規事業に進出するためには，規制緩和の他にも，企業の基本となる「ドメイン」（事業領域）の見直しが不可欠である[21]。郵政グループが目指している「トータル生活サポート企業」を実践するために，日本郵便㈱は郵政グループの中核企業として，多様化する顧客のライフスタイルやライフステージに応じた「お客様に真に喜ばれる商品・サービス」を提供することが求められている。その際に，日本郵便㈱が培ってきた「郵便局ブランド」と「郵便局の信頼」が最大の強みとなる。

ICT 技術が進展する中で，拠点（実店舗や郵便局）の重要性が再認識され，インターネットとリアルの世界の連携 O2O（Online to Offline）が注目されるようになっている。今日，インターネットを活用した無店舗型（Click & Mortar）商売が脚光を浴びているが，伝統的な店舗販売型（Brick & Mortar）商売も現実の生活と切り離せない存在であり，人々の生活を豊かにするためにインターネットとリアルの世界の高度な連動が求められるようになっている。リアルな存在として，全国津々浦々に設置されている郵便局

と郵便の配達員には大きな潜在力が秘められている。

　総合生活支援企業グループを目指す上で，郵便事業ネットワークを有効活用し，地域が抱える社会問題を解消することも重要な意味を持つ。例えば，高齢者の見守りサービスには社会的なニーズが高まっている。大都市や地方都市では，すでに見守りサービスが警備会社やルート配達を行う多様な企業によって提供されているが，過疎地域ではボランティアとして見守りサービスが行われている。しかし，見守りサービスには付帯するさまざまなニーズが含まれ，効率的に提供できれば，ビジネスとして成立する可能性は十分にあるものと考えられる。今日，CSR活動の枠組みを超えて，地域住民や地域社会にとって有益となるような仕組みづくりが求められている。日本郵便は，過疎地域において見守りサービスをビジネスとして行える潜在能力を有している。

　一方，日本国内における人口減少とICT技術が進展する状況下で，郵便ネットワークを維持・強化するには，郵便局（ノード）と配達員（リンク）を有効活用した効果的かつ効率的な新規事業の創発が不可欠であろう。郵便事業にとって重要な戦略的資産は郵便事業ネットワークであり，時代のニーズに合わせてその資産を有効活用することが求められている。地域の多様なニーズを適切な形で満たし続けることによって，郵便事業ネットワークの弱体化を防ぐだけでなく，「競争優位の源泉」として機能させることが可能となる。時代のニーズに合った新規事業を創発することによって，「利用してもらうほど，強くなるネットワーク」を構築していくべきである。

2-5　日本郵政グループ3社の株式上場

　日本郵政グループは2015年11月4日，グループ3社（日本郵政㈱，㈱ゆうちょ銀行，㈱かんぽ生命保険）の株式（全体の11％）を東証1部に上場した。上場に際しては，多くの国内外の個人・機関投資家の注目を集め，改めて郵政事業とりわけ郵便局に対する国民・利用者の信頼度の高さが表われたものと考えられる。特に，国内の個人投資家の関心は高く，株価は3社ともに上場前に売り出した公開価格を大幅に上回った。その後，上場後のグループ3

社の株価は，短期的には株式市場全体が低迷していることなどから，売出し価格を割り込む状況だ。しかし，日本郵政グループの知名度と配当金の魅力などによって，全体的に投資家の日本郵政グループ各社の株式への行動は沈静化したものと考えられる[22]。

　日本郵政グループの持株会社である日本郵政㈱の2016年3月期の連結決算内容をみると，経常収益は14兆2,575億円とほぼ前期並みだったものの，経常利益は9,662億円（前期比13.4％減），純利益は4,259億円（同11.7％減）と2期ぶりに減益となった。日本郵政グループ3社の上場後最初の定時株主総会においても，株価低迷に対する株主の不満は顕在化している。

2-6　郵便局の潜在能力とネットワークの利活用

　周知のとおり，郵便局は全国すべての地域・地区に網の目のように張り巡らされた社会的なネットワーク・インフラであり，少し歩けばすぐ見つかるというのが最大の強みである。地方都市や過疎地域では，利用者は自らの居住地域にある「特定の郵便局」だけを利用することが明らかである。これに対し，都市部では仕事や買い物に出かけたついでに，近くの郵便局に入って用を済ませるというような利用動向が比較的多いものと考えられよう。このため都市部においては，地域における特定の顧客を1つの局につなぎとめておくというのは難しいのが現実である。

　こうしたことから，改めて郵便局を「規模の経済性」，「範囲の経済性」，「ネットワークの経済性」の3つの視点から分析し直し，再構築しなければならない。地区あるいは地域内にある郵便局全体で「競争」と「協調」の事業戦略を用いながら，日本郵政グループ全体の損益改善につなげていくことができる組織構造に転換することが必要である。つまり，郵便局を「単局」のみの収支で見るのではなく，地域単位である「部会」あるいは「エリア」の「プロフィット・センター」として把握することが重要である。それによって郵便局ネットワークが活性化すると考える。

　現代の企業経営は，国内外においてさまざまな環境変化に直面しており，商品やサービスのイノベーションを絶え間なく実行していかなければすぐに

陳腐化してしまい，マーケットから淘汰されてしまう。したがって，企業が有する経営資源や組織能力を計画的かつ創発的に導き出し，常に改善し向上を図らなければならないのである。郵政3事業においても，国内外の経営環境が目まぐるしく変化する中で，グループ各社は機敏に環境変化を察知し，顧客ニーズの多様化・高度化に対応していく必要がある。その際，持株会社である日本郵政㈱並びにグループ各社における的確な意思決定は極めて重要ではあるが，それだけでは十分とはいえない。郵政のマネジメントにおいては，トップマネジメント（経営者）のみならず本社・支社のミドル（中間管理職）やフロントライン（郵便局）とが一体となって，全社的な経営戦略を策定しつつ，直面するビジネスニーズに果敢に挑戦し，グループ各社の「潜在能力」を引き出すことが何よりも肝要である。その際，郵便局の最大の強みである「地域密着経営」と「地域からの信頼」を改めてビジネス・ツールとして活用し，郵便局を生活インフラとして再構築することが重要であろう。

　コア競争力とは，企業が保有する有形・無形の経営資源を有効に活用する「全社的な能力」のことである。日本郵政グループにおけるコア競争力は，何といっても長い間の郵便局長に対する地域からの信頼と，地域密着で経営してきたことといえる。つまり，自然と他社には真似のできない「差別化戦略」を潜在的に採用してきたのである。他方，自社内に経営資源が不足している場合には，企業外部から調達する学習能力をも包含しており，日本郵政グループにおける戦略的提携は今後とも避けて通ることはできないものと考える。そのためには，企業のトップマネジメントは，社員が常にモチベーションを高めながら挑戦する意欲を持ち，その力を発揮することができる体制を整えることが重要な仕事である。上場後の日本郵政グループには，今まで以上に競争力の源泉となる技術や技能を組み合わせ，競争力のある最終製品を生み出す総合的な能力が求められている。

　日本郵便㈱の収益の80％以上は，金融2社からの業務委託手数料であるといわれる。今後，ゆうちょ銀行やかんぽ生命保険から，収益力の向上や不採算部門の解消などを理由に，日本郵便㈱に対して「業務委託契約の見直しまたは一部解消」，さらには「手数料の引き下げ」が要求された場合，同社の

経営は将来的に行き詰ってしまうことが想定される。そのような事態に陥れば，利用者の少ない地域の郵便局ではゆうちょ銀行やかんぽ生命保険の商品・サービスが取り扱われなくなるのと同時に，全国約24,000の郵便局ネットワークの維持も困難になる恐れがある。

日本郵政グループ3社における株式上場の最大のメリットは，多くの株主が誕生したことにより，日本郵便㈱を含めたグループ各社に対しては，株主や投資家から"自分のこと"として注視されることである。その結果，商品やサービスに対しても今まで以上に購入意欲が増してくるものと考えられる。同時に，上場会社は，常に株式市場を通じて企業が評価されることになり，企業統治上もより透明性が確保されよう。もちろん，会社や社員においても「東証1部上場企業」で働く誇りと，より良い会社づくりへの貢献意欲が増してくるものと思われる。そうした状況下において，グループ各社の経営者は社員や投資家が納得できる経営戦略と将来展望をより具体的に提示し，関係者が自信と誇りを持って仕事に邁進できる職場環境を整えることが何よりも重要である。

3 水道事業におけるマネジメント

3-1 わが国における水道事業の現状

日本の年間降水量は多いが，国土の面積と人口の関係によって，1人当たりの年間降水量は全世界平均を大きく下回っている。さらに，日本の国土は山地が多く，河川の勾配が急であるので，水道水源林の整備に加えて，ダムなどを建設し，膨大な量の水を水資源として蓄えておく必要がある[23]。**図表5－9**は水道事業を中心として水の循環を示したものである。水道事業は水環境や水循環と連続する「オープン・システム」として捉えられるべきものである。日本は水資源が豊富な国と思われているが，水資源の保全と水道事業の運営を効果的かつ効率的に進めなければならない国でもある。

水道事業は，一般の人々を対象にした水道による水供給事業である[24]。そ

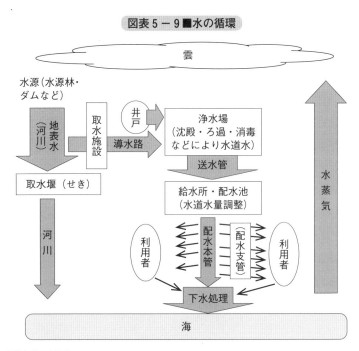

図表5－9 水の循環

(出所) 各種資料より作成。

の事業の目的は，清浄にして豊富低廉な水の供給を図り，公衆衛生の向上と生活環境の改善とに寄与することとされている（水道法第1条）[25]。水道水は飲料や食事に利用されるだけでなく，人体，食器，器具・設備等の洗浄にも幅広く利用される。したがって，清潔かつ安価な水道水を大量に供給することが水道事業では求められている。**図表5－10**は，水道における種類別箇所数をみたものである。

水道事業の主な特徴としては，準公共財であることと地域独占が成立するケースが多いことを挙げることができよう。水道事業が準公共財と呼ばれる理由は，水道水には高い生活必需性と非代替性があるからである。それゆえに，水道事業者にはユニバーサルサービスと同様の責務が課されている。

そして，水道事業において地域独占が成立しやすい背景には，水系や地勢的な条件が大きく影響する。水道水としての水質を満たした河川水や地下水

図表5-10 水道の種類別箇所数

(2016年3月31日現在)

種別		内容	事業者数
水道事業		一般の需要に応じて，水道により水を供給する事業（給水人口100人以下は除く）	7,010
内訳	上水道事業	給水人口が5,000人超の事業	1,381
	簡易水道事業	給水人口5,000人以下の事業	5,629
水道用水供給事業		水道事業者に対し水道用水を供給する事業	92
専用水道		寄宿舎，社宅等の自家用水道等で100人を超える居住者に給水するもの又は1日最大給水量が20m³を超えるもの	8,208
合計			15,310

(出所) 厚生労働省資料により作成。

を大量に取水できる場所は地理的に限られており，さらに，歴史的な水利権の問題や水道施設の設置もあり，給水エリアは限定的かつ固定的になっている所が多い。そして，貯水や浄水などは規模の経済性が働きやすく，大規模化したほうが効率的になる。特定の利用者世帯に対して，複数の水道事業者が水道設備を敷設し，給水することは合理的ではない。したがって，競争によって給水人口や有収水量などを分割するより，規制によって地域独占状態を維持したほうが経済合理性にかなうことになるのである。

　水道事業の規制に関しては，水道法以外にも，地方自治法，地方財政法，地方公営企業法などが関係している。水道法は，水道事業者および水道事業運営に関して経済および社会的な規制などを課している。そして，水道事業者は市町村（都道府県を含む）などが経営する地方公営企業がほとんどであるので，地方自治法，地方財政法，地方公営企業法によっても規制を受けることになる。具体的には，地方自治法によって，地方公共団体の組織および運営に関する事項の大枠が定められている。そして，地方財政法によって，水道事業を行う公営企業が必要な経費の財源を確保するために地方債（企業債）を発行することなどが認められている。最後に，地方公営企業法は，簡易水道事業を除いた水道事業の経営全般について規定するとともに，水道事業に従事する職員に関して地方自治法，地方財政法，地方公務員法の特例を

定めている。

　水道事業において喫緊の課題は浄水場をはじめとして，給水施設を含む水道施設の老朽化対策と耐震化である[26]。水道サービスを安定的に行うには，新設以外に，施設・設備の更新が不可欠である。高度経済成長期に多額の水道施設の建設投資を行ったため，今日では施設の老朽化が進行している[27]。日本国内には，水道施設の資産は約40兆円（浄水場や給水装置など）あり，更新に必要な年間金額が約6,000億円とも言われている。このように膨大な金額は公共料金収入を計画的に運用しても簡単に賄えるものではない。高品質かつ安価の水道水を安定的に供給するためには，国の一層の取り組みと支援が必要である。同時に，民間の技術やノウハウを有効に活用し，アセットマネジメント手法の導入による水道施設の維持と，水道事業運営における経営戦略の策定が求められている。

3-2　水道料金

　水道料金の設定には総括原価方式が採用されており，原則として「独立採算制」が原則となっている。その料金体系は，メーターの口径や用途別による基本料金に，逓増量料金を加えた「二部料金制」を採用している所が圧倒的に多い[28]。地方公共団体は，地方公営企業の給付について料金を徴収することができるとされている（地方公営企業法第21条）。

　水道料金の設定は，公正妥当なものでなければならず，かつ，能率的な経営の下における適正な原価を基礎とし，地方公営企業の健全な運営を確保することができるものでなければならないとされている。水道法第14条では，料金は能率的な経営の下における適正な原価に照らし公正妥当であることとされ，以下の条件が付されている。

---

① その料金が，定率又は定額をもって明確に定められていること。
② 水道事業者及び水道の需要者の責任に関する事項並びに給水装置工事の費用の負担区分及びその額の算出方法が，適正かつ明確に定められていること。

③ 特定の者に対して　不当な差別的取扱いをするものでないこと。

さらに，水道法施行規則第12条では以下の条件を加えている。

① 料金が，おおむね3年を通じ財政の均衡を保つことができるよう設定されたものであること。
② 料金が，イに掲げる額とロに掲げる額の合算額からハに掲げる額を控除して算定された額を基礎として，合理的かつ明確な根拠に基づき設定されたものであること。
　イ　人件費，薬品費，動力費，修繕費，受水費，減価償却費，資産減耗費その他営業費用の合算額
　ロ　支払利息と資産維持費との合算額
　ハ　営業収益の額から給水収益を控除した額
③ 料金が，水道の需要者相互の間の負担の公平性，水利用の合理性及び水道事業の安定性を勘案して設定されたものであること。

　このように非能率的な部分は原価に上乗せすることができない一方で，永続的な事業運営のために適正な事業報酬を料金に上乗せすることは認められている。水道料金は，費用積み上げ方式で算定されているが，資産維持に関してはレートベース方式の利点を生かした方式となっている[29]。
　水道事業は原則として独立採算となっているが，特定の要件を満たしていれば，施設整備などに関して国庫補助を受けることができる。水道事業への国庫補助は，水道水源開発施設整備，市町村の枠を超えた広域化施設整備，水質検査施設整備，高度浄水施設整備，緊急時の給水拠点整備，管路の耐震化，石綿セメント管や老朽管の更新について一定の要件に該当した整備などに対して行われる。水道事業の施設整備費用のうちのある一定額が国庫補助によって占めると言われているが，全体としては少額であると指摘されている[30]。

3-3 新水道ビジョンの策定

2012年度末に厚生労働省水道課によって「新水道ビジョン」が策定された。新たに策定された新水道ビジョンは，これまでの「水道ビジョン」(2004年策定，2008年改訂)」を全面的に見直し，50年後，100年後の将来を見据え，水道の理想像を明示するとともに，水道事業全体の目指すべき方向性やその実現方策，さらには関係者の役割分担などを提示したものと言える。とりわけ，水道事業を取り巻く経営環境の大きな変化に対応するため，迅速かつ適切な施策の展開と，従来にはない思い切った発想の転換が必要とされている。

特に，省エネルギー意識の高まりや節水型機器の普及に伴う水需要の減少，使用水量の減少による料金収入の大幅な落ち込み，施設・設備の更新や耐震化の推進に伴うコスト負担増，市町村合併による水道事業数の急増，より厳しい水質保全への対策，ベテラン職員の定年退職や職員の減少による技術継承の問題，小規模水道事業体における慢性的な人材と財源不足，予知できない異常気象など，水道事業を取り巻く課題は山積している。

こうした課題への対応策として，顧客満足度（CS）を高める施策や具体的な水道事業におけるマーケティング戦略の展開，新しい水道料金政策や料金メニューの検討，スマートメーター導入による新たな料金徴収システムの構築，営業部門における経営の改善策，水道のイメージアップ戦略の展開，広報活動や顧客とのコミュニケーションの推進，指定管理者制度やコンセッション方式の導入など水道事業における新しいPPPの採用，ICTや情報セキュリティへの対応など，直面する重要課題に対してさまざまなツールや施策を具体的に検討していかなければならない。

すでに述べたように，わが国の水道事業は，原則として市町村によって運営されており，水道サービスの質と技術は世界でトップクラスにある。しかし，今日ではさまざまな経営面での課題も表面化しつつあり，水道事業においてもいかに持続可能な経営に持っていけるのかが大きな課題となっている。改めて地方公営企業法の精神に鑑み，水道事業における経営は「収支相償」が原則であることを再認識しなければならない。つまり，適正な原価（コス

ト)を適正な料金で賄うことが事業(ビジネス)の基本である。

　わが国の水道事業は，市民生活に不可欠なライフラインとしてのサービスを一体的に提供している。このように，複雑・多岐にわたるサービスの顧客満足度を高めつつ，さらに高次の目標を達成するためには，「ビジネス・エキスパート」としての資質が要求される。特に，現場の第一線で働く水道職員の潜在的な「マネジメント能力」は高く，事業に大きな底力を発揮している。したがって，職員のマネジメント能力の向上策如何によって，さらに水道事業全体の底上げを図ることが可能となるのである。

　これからも水道事業が直面しているさまざまな課題に対して，関係者一同がたゆまぬイノベーションの志をもって対処すれば，おのずと解決策は見出せるものと思われる。水道事業においても「地域(流域)主権」を確立し，より地域に密着した事業経営の推進を図り，安全・安心・持続を最優先させることが，水道事業の信頼を今後とも勝ち得る道であると考えられる。

　水道は，生命の源であり，ライフラインとして最も基礎的な機能と役割を有している。「地域社会に貢献する水道事業」を標榜することによって，市民の水道に対する意識がさらに醸成され，水道事業における新たなサービスの創造と改革が実行可能となる。産学官(公)とコミュニティが真に連携し合い，水道事業の強みと弱みを正しく把握し，中立・公平な立場で自分のところの水道事業の現状を詳細に認識する必要がある。こうした取り組みが「持続可能性のある水道」を構築することに繋がるのである。

3-4　水道サービス維持のための変革

　現代の事業経営は，国内外において不連続な環境変化に直面している。製品・サービスに対する技術革新はもとより，経営組織においても戦略的なイノベーション(革新)を常に創発しなければ，厳しさを増す市場競争に打ち勝つことはできない。そのために政府や自治体，企業が一体となって，各自が保有する経営資源や潜在能力を創発的に導き出し，より一層の改善・向上を図らなければならない。水道事業においても，国内外の経営環境が目まぐるしく変化するなかで，各事業体は「内部環境の変化」と「外部環境の変

化」を詳細に把握し，ますます高度化・多様化する顧客ニーズに機敏に対応することが求められている。

"シングル・サービス"かつ"シングル・チャージ"が長い間続けられてきた水道事業においては，今後とも「安全でおいしい水」への追求を図りながら，将来に向けて水道事業体が提供する水道サービスの"複数化"（サービス・メニューの導入）が可能なのかを考えるときにきているのではないかと思われる。つまり，飲料用（飲み水），公衆衛生用（炊事，洗顔・入浴，洗濯），その他利用に分けて提供することも必要になるかも知れない。もちろん，利用目的に応じた水道管の敷設は非現実的であり，現状での実現性は極めて低い。しかし，従来型のパイプライン供給のみならず，人口減少が著しく空家が増加している中山間地や離島などでは，給水世帯と用途に応じてバルクローリーでの供給もあり得るのではないかと考えられる[31]。

一方，2016年4月から家庭用を含めた小売全面自由化が進展している電気事業や都市ガス事業では，自由化後の「最終保障サービス」を誰がどのように負っていくのかが議論されている。電気事業や都市ガス事業，さらに水道事業などは，事業発足以来地域独占型の公益事業として重要な役割を担ってきた。とりわけ，生命の源である水道事業に対する最終保障サービスとしての責任は極めて重い。

しかし，エネルギー分野の小売全面自由化によって事業間の垣根が低くなり，市場競争が一段と激しくなることが予想される。その結果，好むと好まざるとにかかわらず上・下水道事業もおのずとエネルギー間競争に巻き込まれることが想定される。こうした"変革の時代"に対応するために，今こそ水道界を挙げた迅速かつ適切な施策の展開と，従来にはない思い切った発想の転換が必要とされており，各事業体における「最適なマネジメントのあり方」が問われているのである。

3-5　水道事業を巡る経営環境の変化

水道事業の課題は時代とともに変遷しており，基本的には公衆衛生上の配慮から普及・向上を目指してきた。その後，水道が普及するとそれに伴い水

源の一層の確保や，環境悪化に伴う水質改善が求められてきた。現在では，最も重要な生活基盤として，災害対策などへと徐々に課題が移り変わってきている。水道事業はどちらかと言うと技術的な側面が強く，課題に対する検討も技術面の割合が高く，研究発表も技術者を中心としたものが多かった。

　しかし，今日，高度成長期やバブル経済期の急拡大を経た後の人口減少社会が到来し，ヒト（職員の減少），モノ（施設の老朽化），カネ（需要減少に伴う収入減）のすべての経営資源においてさまざまな課題を抱えており，水道サービスの持続に向けた「事業経営」そのものが主要課題となっている。したがって，水道事業においても事業経営での目線の検討が必須となっている。

　解決施策としては，「さまざまな広域化」や「民間活用による事業基盤の強化」が示されており，日本水道協会の研究発表においても事例や検討が多数挙げられている。さらに，そういった施策の必要性を検証・確認するために，前段の検討手法としてアセットマネジメントやBCPなども，さまざまな試行錯誤を繰り返す中で日々進化している。これらは情報資源に大きく依存する活動であり，ICTやAIの活用がより有効であると考えられる。

　水道事業の基盤強化へ向けた厚生労働省水道課の水道法改正の動きがある。改正法案では，都道府県に広域化検討を主導することを求めるとともに，各事業体には広域化や公民連携を検討する際に最低限必要な情報を「台帳」として整えておくことを求めている（**図表5－11**参照）。

　一方，総務省公営企業課においては，2014年度より水道事業を含む各地方公営企業に対して経営戦略の策定を要請している。同省では，2020年度末での策定率100％を目指しており，毎年，個々の事業体の経営戦略の策定状況や抜本的改革の取組状況を公表している。2016年度から広域化や公民連携などの抜本的な取組みの他に「現行の経営体制を継続」を選択して意思表示するようになっている。現行体制継続を選択し，その理由に「余裕がなく抜本的改革の検討が困難」と記載して公表している中小事業体も数多くみられる。国の要請に対して，その重要性を認識しつつも検討できない状況を打破するには，事例や検討の共有とともに，中小事業体の検討を支援できる手法（組

図表5－11 広域化の類型と先進事例

類　型　　　広域化　等			最　近　の　事　例
事業統合	水平統合		・群馬県東部の3市5町が群馬県東部水道企業団を設立した。(検討期間 H21.4～H28.3) ・香川県及び小豆地区広域行政事務組合が行う用水供給事業と市町が行う末端給水事業を事業統合し，企業団を設立。H30.4から事業開始予定。(検討期間 H20.12～H30.3)
		既存の一部事務組合等を活用した水平統合	・埼玉県の1市4町でちちぶ定住自立圏形成協定を活用し，秩父広域市町村圏組合の1事業として水道事業を開始した。(検討期間 H21.9～H28.3)
		区域外給水をきっかけとした水平統合	・北九州市が，行政区域外への給水(分水)をきっかけとして，水巻町と事業統合。
	垂直統合		・用水供給を行う岩手中部広域水道企業団と末端給水を行う2市1町が統合し，岩手中部水道企業団を設立。 ・香川県及び小豆地区広域行政事務組合が行う用水供給事業と市町が行う末端給水事業を事業統合し，企業団を設立。H30.4から事業開始予定。(検討期間 H20.12～H30.3)【再掲】 ・奈良県が行う用水供給事業と上水道事業を実施している28市町村の末端給水事業を垂直統合することを検討。 ・北九州市が，宗像地区事務組合・古賀市・新宮町に用水供給。 ・末端給水を行う千葉県県営水道が，用水供給を行う九十九里地域水道企業団と南房総広域水道企業団を統合し，県が用水供給を担うことを検討。
施設の共同化	浄水場等の共同設置		・熊本県荒尾市と福岡県大牟田市が共同で浄水場を建設。 ・福岡県久留米市と大木町が共同で配水場を整備。
施設管理の共同化	事務の代替執行		・北九州市が宗像地区事務組合より業務を包括的に受託。
	維持管理の受け皿組織		・広島県と民間企業が共同出資して「㈱水みらい広島」を設立し，同社を県営水道事業の指定管理者として管理運営を行うとともに，市町水道事業の施設の管理業務等を実施。
	保守点検業務の共同化		・北奥羽地区水道協議会で保守点検業務を一括して外部委託を検討。
管理の一体化	事務の代替執行		・北九州市が宗像地区事務組合より業務を包括的に受託。【再掲】 ・長野県が天龍村の簡易水道事業の設計積算・工事管理等の事務を代替して執行。
	システムの共同化		・北奥羽地区水道協議会で八戸圏域水道企業団の料金・会計・管路情報等のシステムを共用。 ・高知県の3市町の水道料金システムを共同構築。
	シェアードサービス		・茨城県のかすみがうら市と阿見町が上下水道料金等収納義務の広域共同委託発注。
	水質データ検査・管理		・北奥羽地区水道協議会で水質データ管理を八戸圏域水道企業団に集約化。 ・奈良広域水質検査センター組合で水質検査基準項目等の検査を実施。

(出典)　総務省自治財政局公営企業経営室『広域化の取組状況等について』平成30年3月。

織を含む）や技術のブレイクスルーが必要であろう。

3-6　厚生科学審議会生活環境水道部会専門委員会での検討

　2016年3月に設置された厚生科学審議会生活環境水道部会「水道事業の維持・向上に関する専門委員会」は，合計9回の議論を重ね，水道事業を取り巻く国内外の環境変化と直面するさまざまな課題に対して，具体的かつ詳細な検討を多面的に行ってきた。ここでは，専門委員会での今までの論点を整理するとともに，今後の対応策などが報告書として取りまとめられている。同報告書は，2013年3月に厚生労働省水道課によって策定された新水道ビジョンを基本目標とし，安全・強靱・持続の理念を踏まえつつ，水道法の改正を含めた対応策を具現化することを目的としている[32]。

　最近の水道事業をめぐる現状と課題は，現在，わが国の水道は97.8％の普及率に達し，水道は，国民の生活の基盤として必要不可欠なものとなっている。その一方で，わが国においては人口減少社会が到来し，今から約40年後には日本の総人口は8,600万人程度となる推計値も公表されている。それに伴い，水需要も現在と比較して約4割減少すると推計されている。給水量の減少は直接料金収入の減少につながり，特に簡易水道事業者を含む小規模な水道事業者において，経営状況の急激な悪化が懸念される。

　また，高度経済成長期に整備された水道は，その施設の老朽化が進行しつつあり，これまでの施設投資額の約6割を占める水道管路の経年化率は年々上昇している。にもかかわらず，管路の更新は思うように進んでいないのが現状である。仮に，現状の更新率のまま推移するとした場合，すべての管路の更新に約100年以上かかる計算になると言われている。

　水道施設の耐震化についても，配水池及び浄水施設の耐震化率や基幹管路の耐震適合率は，依然として低位にある。水道施設の更新・耐震化が適切に実施されていなければ，安全な水を安定的に供給できないだけでなく，先の東日本大震災や2016年4月に発生した熊本地震における状況に照らしてみても，大規模災害時等において断水が長期化し，市民生活に甚大な影響を及ぼすことになる。

上記のハード面の課題に加え，水道事業に従事する組織人員の削減や団塊世代の退職により，水道事業に携わる職員数は約30年前に比べ，3割程度減少している。さらに，職員の高齢化も進み，技術の維持・継承などソフト面の課題も浮き彫りになっている。特に，小規模の水道事業者ほど職員数が少なく，地震や豪雨等の災害対応や事故発生時等に自力で対処することが極めて厳しい状況も見受けられる。

　また，約5割の上水道事業者においては，給水原価が供給単価を上回っている一方で，水道料金の値上げを行った水道事業者は，2010年～2014年の年平均で全体の約4％にとどまっている。単純に考えれば約5割の上水道事業者で経常収支がマイナスになっており，十分な更新費用等を水道料金原価に算入できていない場合が多いと考えられる。このままでは，老朽化並びに耐震化費用の増大と水需要の減少とが相まって，今後急激な水道料金の引上げを招く恐れも容易に想定される。

　この他，1996年に創設された指定給水装置工事事業者制度により，全国一律の指定基準が導入されたことに伴い，指定工事事業者数が大幅に増え，水道事業者は，指定工事事業者の運営実態の把握や技術指導等が困難となっている。また，指定工事事業者の違反行為や苦情等，住民との間にトラブルが生じているとの指摘も多い[33]。

3-7　水道法改正案の概要

　2018年3月9日に閣議決定され衆議院に提出された「水道法改正案」の概要は，以下のとおりである。まず第1は，関係者の責務の明確化である。国，都道府県及び市町村は水道の基盤の強化に関する施策を策定し，推進又は実施するよう努めなければならないこととする。都道府県は水道事業者等（水道事業者又は水道用水供給事業者をいう。）の間の広域的な連携を推進するよう努めなければならず，水道事業者等はその事業の基盤の強化に努めなければならないこととする。

　第2は，広域連携の推進である。国は，広域連携の推進を含む水道の基盤を強化するための基本方針を定めることとする。都道府県は，基本方針に基

づき関係市町村及び水道事業者等の同意を得て，水道基盤強化計画を定めることができることとする。都道府県は，広域連携を推進するため，関係市町村及び水道事業者等を構成員とする協議会を設けることができることとする。

　第3は，適切な資産管理の推進である。水道事業者等は，水道施設を良好な状態に保つように，維持及び修繕をしなければならないこととする。水道事業者等は，水道施設を適切に管理するための水道施設台帳を作成し，保管しなければならないこととする。水道事業者等は，長期的な観点から水道施設の計画的な更新に努めなければならないこととする。水道事業者等は，水道施設の更新に関する費用を含むその事業に係る見通しを作成し，公表するよう努めなければならないこととする。

　第4は，公民連携の推進である。地方公共団体が水道事業者等としての位置付けを維持しつつ，厚生労働大臣等の許可を受けて，水道施設に関する公共施設等運営権を民間事業者に設定できる仕組みを導入する[34]。

　第5は，指定給水装置工事事業者制度の改善である。資質の保持や実体との乖離の防止を図るため，指定給水装置工事事業者の指定に更新制（5年）を導入する。各水道事業者は，給水装置（蛇口やトイレなどの給水用具・給水管）の工事を施工する者を指定でき，条例において給水装置工事は指定給水装置工事事業者が行う旨を規定する。

　厚生労働省水道課では，今後の水道行政において講ずべき施策の基本的な方向性として，水道事業の基盤強化策として広域連携や人材育成の必要性，公民連携の有効性などを明らかにしている。また，基盤強化に向けて関係者の責務を水道法の中に明確化すべきであるとも指摘している。とりわけ水道事業者等は自らの基盤強化に取り組むよう努め，都道府県は広域連携の推進役として各種の調整を行うとともに，水道事業者等が行う基盤強化策に対する情報提供や技術的な援助を実施するとしている。

　さらに，国は，基本的かつ総合的な施策の策定を推進し，必要な技術的かつ財政的な援助を行い，関係者は災害時に際しても相互に連携を図り，協力するよう努めることなどを水道法の中で明確にすべきであるとした。とりわけ，台帳整備や維持・修繕の義務付け，アセットマネジメントに基づく計画

的な施設の更新，更新需要と財政収支の見通し試算の公表に関する努力規定，広域連携の推進に向けた新たな枠組みの設定や都道府県が基盤強化のために協議の場を設置できることなどの規定についても記述されている。さらに，指定給水装置工事事業者制度への更新制の導入なども提言している。

特に，公民連携の推進では，多様な選択肢として一層双方で取り組みやすくなるよう，公民連携の検討等に当たっては，必要となる情報や留意点を詳細に提供することが必要であるとしている。コンセッション方式の導入は，財政や人材など経営基盤が脆弱な事業体にとって，今後とも安定した事業運営を持続させるための選択肢の1つになり得るものと考えられる。中小水道事業体にとっては，広域連携を推進する観点からもコンセッション方式導入の検討は意義あるものと思われる。

一方，コンセッション方式を活用した公民連携の推進においては，民間企業が将来の更新投資に備えることができるよう税制上の措置も検討されるべきである。民間企業が水道事業の運営に関わることを前提にした料金原価の算定方法については，公営企業の場合と同様に総括原価主義を基本にするとともに，電力や都市ガスのように総括原価に法人税や配当金などを事業報酬として含めることができることを明確にすべきである。今日，水道サービスを提供する運営形態も徐々に多様化しており，水道事業に関わる民間企業を育成することは，地域の雇用の創出や技術継承にもつながるのである。したがって，長期的に水道事業を担うことができる潜在力を高めるという観点からも，公民連携（PPP）の推進は有効な手段であると考えられよう。

●注
1　詳しくは，『ジーニアス英和大辞典』の"public"の意味を参照されたい。
2　公共サービス基本法（2009年施行）の第2条において，公共サービスとは国民が日常生活及び社会生活を円滑に営むために必要な基本的な需要を満たすものと定義されている。国（独立行政法人を含む）又は地方公共団体（地方独立行政法人を含む）の事務又は事業であって，特定の者に対して行われる金銭その他の物の給付又は役務の提供されるものあるいは国又は地方公共団体が行う規制，監督，助成，広報，公共施設の整備その他の公共の利益の増進に資する行為とされている。

3　詳しくは，本書の第1章第2節「組織の分類」を参照のこと。
4　「公益社団法人及び公益財団法人の認定等に関する法律」(2006年施行) の第2条において公益目的事業は学術，技芸，慈善その他の公益に関する事業であって，不特定かつ多数の者の利益の増進に寄与するものとされている。別表 (第二条関係) の中で具体的に事業の内容が規定されている。①学術及び科学技術の振興を目的とする事業，②文化及び芸術の振興を目的とする事業，③障害者若しくは生活困窮者又は事故，災害若しくは犯罪による被害者の支援を目的とする事業，④高齢者の福祉の増進を目的とする事業，⑤勤労意欲のある者に対する就労の支援を目的とする事業，⑥公衆衛生の向上を目的とする事業，⑦児童又は青少年の健全な育成を目的とする事業，⑧勤労者の福祉の向上を目的とする事業，⑨教育，スポーツ等を通じて国民の心身の健全な発達に寄与し，又は豊かな人間性を涵養することを目的とする事業，⑩犯罪の防止又は治安の維持を目的とする事業，⑪事故又は災害の防止を目的とする事業，⑫人種，性別その他の事由による不当な差別又は偏見の防止及び根絶を目的とする事業，⑬思想及び良心の自由，信教の自由又は表現の自由の尊重又は擁護を目的とする事業，⑭男女共同参画社会の形成その他のより良い社会の形成の推進を目的とする事業，⑮国際相互理解の促進及び開発途上にある海外の地域に対する経済協力を目的とする事業，⑯地球環境の保全又は自然環境の保護及び整備を目的とする事業，⑰国土の利用，整備又は保全を目的とする事業，⑱国政の健全な運営の確保に資することを目的とする事業，⑲地域社会の健全な発展を目的とする事業，⑳公正かつ自由な経済活動の機会の確保及び促進並びにその活性化による国民生活の安定向上を目的とする事業，㉑国民生活に不可欠な物資，エネルギー等の安定供給の確保を目的とする事業，㉒一般消費者の利益の擁護又は増進を目的とする事業，㉓前各号に掲げるもののほか，公益に関する事業として政令で定めるものを挙げている。
5　地域公共経営には，地域の公共部門に投入された資源を有効活用するための地域の公共サービス提供に関する役割分担や資源配分等が含まれる。詳しくは，宮脇淳 [2003]『公共経営論』PHP研究所，pp. 10-11を参照されたい。
6　詳しくは，石井晴夫編著 [1996]『現代の公益事業』NTT出版，pp. 10-13を参照されたい。
7　実際，空港に関しては，仙台空港，伊丹空港や関西空港で施設運営権の民間開放が検討されており，今後は他の空港にも拡大するものと思われる。
8　詳しくは，石井晴夫・金井昭典・石田直美 [2008]『公民連携の経営学』中央経済社，pp. 7-10を参照されたい。
9　例外として，2種類以上の事業を行う地方公営企業を有する場合には，1つの特別会計にまとめることができる。
10　非能率的な部分は原価に上乗せすることができない一方で，永続的な事業運営のために適正な事業報酬を料金に上乗せすることは認められている。
11　詳しくは，Bovaird, T. and E. Löffler (ed.) [2003] *Public Management and Governance*, Routledge.（みえガバナンス研究会訳 [2008]『公共経営入門』公人の友社）pp. 25-26を参照されたい。

12　日本郵政株式会社法第5条においても，今回の改正により以下のようにユニバーサルサービスの義務化が明記されている。「会社は，その業務の運営に当たっては，郵便の役務，簡易な貯蓄，送金及び債権債務の決済の役務並びに簡易に利用できる生命保険の役務を利用者本位の簡便な方法により郵便局で一体的にかつあまねく全国において公平に利用できるようにする責務を有する」と規定されている。本来，ユニバーサルサービスを義務づける場合には，同時に必要な財源の手当てを法的にも考えなければならないのである。

13　2014年6月5日に財政制度等審議会国有財産分科会から出された『日本郵政株式会社の株式の処分について』の答申では，郵政株式の売却実施に際しての留意すべき事項として，売却方法，売却価格，売却時期，売却規模，適切な投資勧誘，適切な情報の開示および保秘などが取り上げられている。日本郵政株式会社のような民営化企業の株式処分は，国有財産の処分としての手続きが取られることになるので，国としては日本郵政グループの企業価値を高めつつ，できる限り高い売却収入を得られるよう制度設計を行うことが基本とされている。したがって，郵政株式の売却に際しては法令に基づく処分手続きを行うとともに，日本郵政グループ各社の今後の最適なマネジメントをいかに確保するのかも考慮しながら実施スキームを作る必要があった。

14　2014年3月期の中間決算には，日本郵政㈱及び3事業会社を含む連結子会社15社と関連会社2社が含まれている。㈱ゆうちょ銀行の2014年3月期中間期末の貯金残高は，郵便局との営業推進体制の強化等により176兆4,497億円となり，貯金残高の微増傾向は維持できている。㈱ゆうちょ銀行では，国債の金利が低位にとどまる厳しい経営環境下で，収益源泉の多様化に注力した。その結果，経常利益は前年中間期比83億円増加して3,006億円となり，中間純利益は61億円増加の1,900億円を確保している。他方，㈱ゆうちょ銀行単体の自己資本比率（国内基準）は60.7％であり，国内業務のみを行う銀行の自己資本比率の基準4％以上を大きく上回っている。資産運用の中心が国債（有価証券172兆円のうち67.9％が国債に偏重）であり，貸出金はわずか3兆3,127億円（運用資産全体の1.6％）であることから計算上のリスクが総じて低くなっていると考えられる。かんぽ生命保険についても，改めて郵便局を核にした営業推進体制の強化等により，個人保険の新契約件数は前年中間期比10万件増の123万件になっている。しかし，簡易生命保険の保険契約を含む保有契約総数は，前年期末比81万件減の3,600万件となっている。基礎利益については，保有契約の減少に伴う費差益の減少が進むなかで，逆ざやとしての利差益の改善は進んでおり，前年中間期比759億円減の2,251億円にとどまっている。また，同社の経常利益は，前年中間期比562億円減の2,000億円であり，経常利益から特別損失や契約者配当準備金繰入額及び法人税等を差し引いた中間純利益は，前年中間期比294億円減の195億円と大幅に落ち込んでいる。このような結果，危険準備金および価格変動準備金を合計した内部留保額は3兆1,895億円となっている。反面，生命保険会社の経営健全性の指標であるソルベンシー・マージン（solvency margin）比率は，1,510.2％と引き続き高い数値を示しており，経営上の健全性は維持されていると思われる。

15 石井晴夫・武井孝介［2003］『郵政事業の新展開―地域社会における郵便局の役割』郵研社を参照。
16 詳しくは，2013年10月23日の日本郵政㈱の西室社長（当時）の記者会見等を参照されたい。http://www.japanpost.jp/publication/2013/1023_001.html
17 当初，日本郵政㈱は金融2社（㈱ゆうちょ銀行と㈱かんぽ生命保険）の株式をそれぞれ100％保有していたが，1次売却によって両株式をそれぞれ11％売却した。
18 詳しくは，㈱東京証券取引所［2008］『2008新規上場の手引き（市場第一部・市場第二部編）』㈱東京証券取引所，p.1を参照されたい。
19 財政制度等審議会国有財産分科会［2014］『日本郵政株式会社の株式の処分について』p.3および日本証券業協会［2007］「会員におけるブックビルディングのあり方等について」(http://www.mof.go.jp/about_mof/councils/fiscal_system_council/sub-of_national_property/report/zaisana260605j.pdf) を参照されたい。
20 2015年11月4日に日本郵政グループ3社（日本郵政，ゆうちょ銀行，かんぽ生命）は，東京証券取引所市場第1部に株式を同時上場した。株式上場により，グループ各社は証券市場からの厳しい評価を受けることになり，郵政民営化も新たな局面を迎えた。今回売り出された政府保有の日本郵政株式は約11％である。
21 日本郵便㈱の事業計画は，総務大臣の認可が義務づけられている（日本郵政株式会社法第10条と日本郵便株式会社法第10条）。
22 財務省は，2017年9月27日，政府が保有する日本郵政株式会社（以下「日本郵政」という。）株式（国債整理基金特別会計所属）の第2次売出しについては，追加売出し分のすべてを政府による売出し株数とすることを決定した。これに伴い，日本郵政株式の第2次売却により政府が売却する株数は，合計で10億6,257万3,600株と確定した。
23 水道水源林には土砂流出防止機能（根の効果）や水質浄化機能（ろ過とミネラル付与）もあり，東京都水道局や横浜市水道局の取り組みが注目されている。
24 水道事業は給水人口5,001人以上に水道水を供給することである。給水人口が101～5,000人の場合は簡易水道事業になる。そして，水道事業者に用水を供給することは水道用水供給事業となる。その他に，専用水道（寄宿舎や社宅など自家用の水道水などを供給）や簡易専用水道（水道事業と専用水道以外の水道）がある。
25 水道の定義は，「導管及びその他の工作物により，水を人の飲用に適する水として供給する施設の総体をいう。ただし，臨時に施設されたものを除く」（水道法第3条1項）。
26 給水装置とは，需要者に水を供給するために水道事業者が埋設した配水管から分岐して設けられた給水管及びこれに直結する給水用具をいう（水道法第3条9項）。
27 資産の約8割を有する配管の寿命は40年であり，日本全国で耐用年数超過管路が急増し，管路破損による漏水も多発している。詳しくは，川上貴幸［2014］公益事業学会第64回2014年度大会「水道事業セッション」ワーキングペーパー『水道事業における公民連携（PPP）推進の現状と課題』を参照されたい。
28 2014年4月1日時点において，東京都の口径別基本料金は13mmから300mm以上の12段階あり，口径が大きいほど，基本料金が高くなる。13mm～25mmまでの口径なら，

1〜5㎥の従量料金は基本水量内で基本料金のみであるが，6〜10㎥で22円／㎥，そして1,001㎥で404円／㎥と逓増型となっている。
29　詳しくは，塩見英治編［2011］『現代公益事業』有斐閣ブックス，pp. 122-136および日本水道協会のホームページを参照されたい。
30　簡易水道に関しては，水道未普および地域における水道の整備，簡易水道の統合整備，使用水量の増加や水質改善，老朽化施設の更新について一定の要件を満たした整備などが国庫補助の対象となる。簡易水道の整備費用全額の10％〜25％を占める。詳しくは，宮脇淳・眞柄泰基［2007］『水道サービスが止まらないために』時事通信社，p. 29を参照されたい。
31　2016年3月に設置された厚生科学審議会生活環境水道部会「水道事業の維持・向上に関する専門委員会」は，合計9回の議論を重ね，水道事業を取り巻く国内外の環境変化と直面するさまざまな課題に対して，具体的かつ詳細な検討を多面的に行い，水道法改正法案の基本的事項を示している。水道法改正法案は，2017年の通常国会に提出されている。
32　厚生科学審議会生活環境水道部会水道事業の維持・向上に関する専門委員会『国民生活を支える水道事業の基盤強化等に向けて講ずべき施策について』平成28年11月。
33　専門委員会『国民生活を支える水道事業の基盤強化等に向けて講ずべき施策について』2016年11月。
34　ここで言う公共施設等運営権とは，PFIの一類型であり，利用料金の徴収を行う公共施設について，施設の所有権を地方公共団体が所有したまま，施設の運営権を民間事業者に設定する方式（コンセッション方式）のことを意味している。

第6章
個別組織から新たな組織連合へ

 新たなニーズに向けた事業システム

1-1 事業システムの概念とその内容

　最終消費者に対して財やサービスを提供するために必要なすべてのプロセスを単一の組織で賄えることはほとんどないと言える。例えば，ある工業製品の原材料を採掘するための設備や器具を自前で製造し，必要な原材料のすべてを自社で採掘し，それを自社の輸送機器と人材で運び，必要な部品や半完成品に加工し，完成した製品を国内外の消費者が購入できるように世界的な流通ネットワークを構築することは一般的に合理的ではない。**図表6－1**

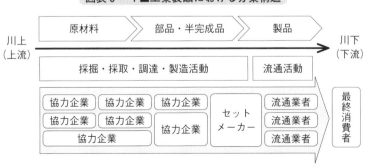

(出所)　筆者作成。

で示しているのは，従来型のセットメーカーを中心とした分業構造である。一般的に，最終消費者に製品が届くまでの過程の中には，川上から川下までの垂直的な活動と地球規模での活動が含まれるので，関連する企業の数は膨大な数になる。

　日本国内における最終消費者に財やサービスを関連する企業群が協力して提供するプロセスを研究した文献として加護野・石井［1992］がある。そこでは，国内の酒類の流通過程について，酒造メーカーがどの程度まで垂直的な活動を自社で行い，どのような活動を他社に任せているのかを明らかにしている。さらに，加護野・井上［2004］では，このような分業構造を「事業システム」と呼び，「経営資源を一定の仕組みでシステム化したものであり，①どの活動を自社で行うか，②社外のさまざまな取引相手との間にどのような関係を築くかを選択し，分業の構造，インセンティブ・システム，情報，モノ，カネ，などの流れの設計の結果として生み出されるシステム」と定義している[1]。

　企業にとって，事業システム内の境界設定は重要な意味を持つ。なぜなら，当該企業が自社と自分が所属する事業システムの強みを考慮し，どの部分までを取り扱うかを決め，そして残りの部分をどのように他社を活用して補うかを考える必要があるからである。事業システムの概念は，財だけでなく，サービスの提供にも当てはめることができる。ある事業者が，サービス提供に必要な器具や消耗品をすべて自前で準備することは非効率的となることのほうが多い。人々が多様な財やサービスを割安な価格で購入あるいは利用できる背景には，このように多様な企業や人々が集まって，効率的な事業システムを構築・運営しているからである。

1-2　"make or buy"の意思決定

　通常，企業は，事業システムの中で自社の活動領域を設定する。垂直的な事業範囲を決定するのによく用いられる考え方が，"make or buy"に基づく意思決定である。この make or buy の考え方は，部品なら内製かあるいは外部から購入するかであり，そして販売網なら自前で構築するか他者のも

のを活用するかである。さらに，情報システムや各種サービスなら自前かアウトソーシングするかの意思決定である。

　企業がmakeを選択するメリットは，開発，生産，販売などの社内の調整によって，付加価値の増加やコストダウンを実現しやすいことにある。さらに，技術やノウハウを社内に蓄積することもできるようになる。しかし，技術面やコスト面などで問題がある場合には，社内の設備や人材がビジネス上の重荷となることもある。そして，makeを選択した企業が多くなり過ぎると，競争が激化し，規模の経済を享受できなくなり，採算が悪化することも予想される。

　企業がbuyを選択するメリットは，必要に応じて，品質・コスト・時間などの面において，優れた部品やサービスを外部から調達することができることにある。技術面やコスト・時間面で問題がある場合や，リスクを回避したい場合には，makeよりbuyを選択するほうが有効となる場合が多い。その一方で，社内での活動が少なくなり，社内で技術やノウハウが蓄積できなくなり，価格交渉力が弱まるなどのリスクが増加することもある。

　今日，企業は，戦略的提携やM&Aなどによって，必要な財やサービスを多様な手法を用いて獲得する動きを活発化させている。その主な理由は，業務提携や資本関係を構築することによって，市場から調達するより，希望する財やサービスを確実に調達できるようになるからである。他方で，企業は不必要な部門の子会社化や売却などによってスリム化を積極的に行うこともある。

1-3　事業システム戦略

　ビジネスでは，関連する企業が事業システムを構築し，消費者や利用者に財やサービスを提供する。外部から見れば1つのシステムとして機能しているように見えることもある。事業システム内の企業は，経済性と将来性を考慮しながら，どのような事業システムを構築あるいはどの事業システムに参画するのかを決定し，その中で，自社の活動範囲を戦略的に設定する。したがって，各企業にとっての事業システム戦略は，①どのような事業システム

を構築あるいはどのような事業システムに参画するかを決定し，②その中で自社の強みを最大限発揮できるように活動範囲を設定することである。

図表6－2は，事業システム戦略の一例を図示したものである。事業システム戦略の選択肢としては，垂直的方向および水平的方向での拡大と縮小が考えられる。川上から川下への垂直方向に事業範囲を拡大することは垂直統合と呼ばれる。特に，顧客（川下）側に活動を広げることを前方統合または川下統合，そして原材料（川上）側に活動を展開することを後方統合または川上統合と呼ぶ。

水平方向に関しては，自社で取り扱う原材料，部品，製品，市場の幅の拡

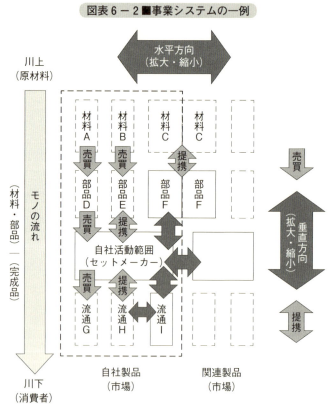

図表6－2■事業システムの一例

(出所) 筆者作成。

大や縮小という選択肢がある。工業製品の場合，多数の原材料や部品が工場に集められ，完成品となる。そこから，国内外に点在する消費者に向けて流通活動が行われる。必要な原材料のすべてを単一の組織で完結できる事業や企業はほとんど存在しない。そして，国内外に点在する消費者に財やサービスを自社で提供するためには，巨額の投資を行って，流通網を整備しなければならない。したがって，すでに存在する流通網を活用することも重要な選択肢の1つとなる。

　企業は必ずしも，垂直方向や水平方向への統合を進める必要はない。他の企業とどのような垂直分業と水平分業体制を構築し，事業を遂行していくかを検討することのほうが重要となる。その際の企業間の関係性の強さには，市場での売買，戦略的提携，資本関係に基づく関係構築など，多様な選択肢が存在する。1980年代までは，事業システム運営は強固な資本関係に基づくグループ経営（系列）が中心であった。しかし，今日のように，経営環境が激しく変化する状況下では，より迅速かつ効率的に多様な対応ができるように，戦略的提携や協働などを重視した「サプライチェーン・マネジメント」（SCM：供給網管理）が主役になっている。同様に，国や地方公共団体が行っていた社会資本の整備や公共サービスなどを，民間の資金や活力さらにはノウハウを生かして，効率的に事業を進める「PPP」（Public-Private Partnerships：公民連携）に注目が集まるようになってきている。

2 サプライチェーン・マネジメント（SCM）

2-1　SCMの定義

　全米サプライチェーン・マネジメント協会（CSCMP；Council of Supply Chain Management Professionals）は，SCM（Supply Chain Management：供給網管理）を「調達や加工などの全ロジスティクス管理の計画や管理を含む活動」と定義し，供給業者，仲介業者，サードパーティー業者，そして顧客との調整と協働を重要視している[2]。SCMは，顧客に価値をもたらしてい

る製品，サービス，情報などを提供しているビジネスの諸過程（関連企業）を統合的に管理する活動のことである。

物流，ビジネス・ロジスティクス，グループ経営（系列）などSCMに類似している概念が多数ある。**図表6－3**は，これらの類似概念とSCMを比較したものである。物流は，生産から消費または利用に至るまでの財貨の移動およびその取り扱いを管理することである。物流活動においては，荷物を安全で確実かつ効率的に運ぶことが中心となる。

前述したCSCMPは，ビジネス・ロジスティクスを「サプライチェーン・プロセスの一部で商品・サービス・情報の産出地点と消費地点の間の効率的かつ効果的な流れと貯蔵を消費者の要求を満たすように計画，導入，そして管理すること」と定義している。ロジスティクスは軍事用語で，宿営，兵站，後方支援活動を意味する言葉である[3]。したがって，戦争用語であるので，敵の存在を前提としている。特に，物資や兵隊の輸送力を強化することによって，戦局を有利に導こうとするものである。ロジスティクスをビジネスに応用したのが，「ビジネス・ロジスティクス」である。自社の収益を最大化するために，消費者の動向に合わせて，製品やサービスを効率的かつ効果的に補充・供給することが重要となる[4]。ビジネス・ロジスティクスでは，会社の一部機能を最適化（部分最適）するのではなく，会社全体の最適化

図表6－3■サプライチェーンの類似概念の一覧比較

区　分	物　流	ビジネス・ロジスティクス	グループ経営	ＳＣＭ
基本単位	荷物や貨物／輸送指示	企　業	企業グループ	全関連企業／製品
目　的	正確かつ効率的な輸送	企業利益の最大化	企業グループの利益最大化	顧客満足とサプライチェーン収益性の向上
範　囲	発着地点間	自社と協力企業	企業グループ	全関連企業
優先者	荷　主	企業／消費者	中核企業	消費者
特　徴	部分最適（日常業務）	全体最適（静的）	統　制（強い連結）	多段階で複雑な動き（動的）

（出所）　筆者作成。

（全体最適）を志向している。

　グループ経営は，中核となる企業が系列企業あるいは企業集団を管理し，グループ全体としての最適化を図るものである。資本関係や長期取引関係などの強固な関係に基づいており，戦略の円滑な実施や重要機密の保護には適している。しかし，技術変化やグローバル競争の激化によって，今日では固定的な取引関係が重荷になることも多くなっており，柔軟なSCMに注目が集まっている。

2-2　サプライチェーンの機能

　サプライチェーンとは，消費者に製品が届くまでに関連するさまざまな企業の集まりである。その構造は，**図表6－4**で示しているように，チェーン（鎖）というより，ネットワーク構造をしている。最適な原材料や部品が世界中から生産工場（1カ所）に集められ，完成品となる。完成した製品は，

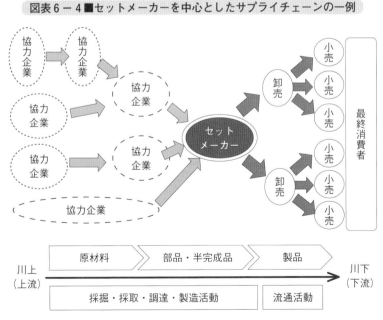

図表6－4　セットメーカーを中心としたサプライチェーンの一例

（出所）　筆者作成。

流通チャネルを通して，国内外に点在する顧客に提供されることになる[5]。すでに指摘したように，サプライチェーンには，顧客に価値をもたらしている製品，サービス，情報を提供しているビジネスの諸過程（原材料の供給者から最終消費者に至る全過程）が含まれている。SCM はこのようなサプライチェーンの活動を統合的に管理することである。現代では，企業の間で市場において競争を行っているというより，サプライチェーン対サプライチェーンで競争が行われるようになっている[6]。

サプライチェーンは，川上から川下までの多数の段階から構成されている。その中には，利害関係が異なるものが数多く含まれている。例えば，セットメーカー，協力企業，消費者の間では，それぞれの売りたい価格と買いたい価格が異なるのは当然である。さらに，それぞれが行うコスト削減やリスク回避のための行為は，他社にとって，費用やリスクの増加につながることがある。このような関係は，垂直方向だけでなく，水平方向でも成立する。例えば，ある小売店が販売量を増やすための値引きなどの販売促進行為は，他の小売店の販売量に悪影響を及ぼすかも知れない。サプライチェーンの中では，いろいろな思惑に基づいてさまざまな行為が行われるので，サプライチェーンの挙動はカオス（混沌あるいは無秩序）のようだと形容されることもある[7]。このようなサプライチェーンを統合的に管理しようとするのもSCM の課題の1つである。

SCM は，人々の生活だけでなく，社会にも多大な影響を与えている。森田［2004］では，企業が社会に提供する価値を生み出すプロセスとして，価値設計プロセス（新製品開発活動），価値とニーズのマッチング（マーケティング活動），ロジスティクス・プロセス（製造・流通活動）を挙げている。これらのすべてのプロセスがサプライチェーン内で行われており，SCM が企業の社会的な価値および事業の成果において重要な働きをしている[8]。

図表6－5は，サプライチェーン内の各段階で行われる「マーチャンダイジング・サイクル」を統合的に表現したものである。マーチャンダイジングとは，商品の販売と補充のことである。マーチャンダイジング・サイクルは，

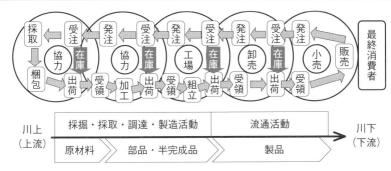

図表6-5■サプライチェーンにおけるマーチャンダイジング・サイクルの連鎖

(出所) 筆者作成。

販売と補充の繰り返しとそれに関連する一連の活動のことであり，発注（受注），受領（出荷），在庫などが含まれる。第一次および第二次産業に属する企業では，生産（加工）や採掘（採取）などの活動も行われる。

最終消費者が小売店で製品を購入することによって，小売店の在庫が減少し，卸売り（問屋や物流センター）からの補充が必要になる。そして，卸売りも製品を出荷した後は，在庫が減るので，セットメーカー（工場）からの補充が必要になり，注文を行う。工場が注文を受けた場合，新たに当該製品を生産するか保有している在庫で対応することになる。工場でも，材料や部品あるいは製品の在庫が減るので，協力企業から補充が必要になる。サプライチェーンでは，消費者の購買（需要）から補充（供給）の連鎖が始まる。ただし，すべての活動をプル型で行うこと（受注してから生産などの活動を行うこと）は時間と手間がかかりすぎるので，ある程度までは需要予測に基づいてプッシュ型（あらかじめ生産しておき，在庫で対応すること）で対応している[9]。

2-3　SCMによる競争優位の獲得

優れたSCMの構築によって，競争優位を獲得した企業は多数ある。その中でも有名な企業がトヨタ自動車とDell（デル）である。トヨタ自動車は，優れた技術力と「ジャスト・イン・タイム」（JIT）によって世界有数の自

動車メーカーの座を獲得している。それに対して，Dell は技術力ではなく，SCM によって，1999年にパソコンの出荷台数が世界一となった企業である。

　Dell の強さは，受注生産に基づく，パソコンの通信販売にあった。当時の大手 PC メーカーは，技術開発に力を入れながら，見込み生産を行い，既存の流通チャネルを通して販売を行っていた。それに対して，後発メーカーの Dell は製品の技術力やブランド力が弱く，専門店や量販店などの流通チャネルにおける地位が低かった。しかし，それによって，受注生産に基づく通信販売に特化することができた。パソコンの部品は急速に値下がりするものが多く，さらに不必要な機能まで組み込まれている製品では，不要な費用が上乗せされていることになる。消費者にとって，必要な部品のみを最新の価格で組み立てられたオーダーメイドの製品を，1週間程度で受け取れることのメリットは大きかった[10]。Dell にとっては，受注生産に特化することによって，在庫の保有や処分に関するコストを最小限に抑えられ，キャッシュフローが大幅に改善するなどのメリットがあった。

　マイケル・デルは，Dell の SCM を「バーチャル・インテグレーション」（仮想統合）という概念で説明している。バーチャル・インテグレーションの条件として，以下の4カ条を挙げている。

(1) 客・製造業者・サプライヤーの溝を埋めるダイレクトな関係を構築する（顧客からの注文に対して，協力企業と一丸となって迅速に生産・加工・出荷するための仕組みづくりに力を注ぐ）。

(2) 自社の付加価値を把握し，得意分野に絞り込む（その他の労働・資本集約型サービスは他社との提携で賄う）。

(3) 最高レベルのサプライヤーと協力関係を構築する（品質，納期，対応力などで優れた会社ならば，企業の社会的責任も適切に遂行していると期待できる）。

(4) インターネットを戦略の必須要素と位置付ける（顧客や協力企業とのコミュニケーションに加えて，データを収集し，ビッグデータを

活用する)。

　今日では，Dell の作った SCM を効果的に活用したビジネス・モデルを多数の企業が採用している。それによって，Dell は圧倒的な競争優位を失った。しかし，SCM で技術力に勝てることを最初に示したことは大きな意味があった。

3 公民連携（PPP）によるマネジメント

3-1　PPP の概念とその役割

　すでに述べた NPM の実践においてみられる「民間でできることは民間に」という発想は，ある面では多くの課題を有しているのもまた事実である。例えば，NPM の先進国であるイギリスでは，民営化や民間委託が推進されたことによって，公共サービスの提供に際して過度の市場原理が追求された。その結果，「効率性」の視点のみが最優先されることとなり，公共のサービスが市民のニーズに適合せず，サービスの質の向上に至らなかったということが問題となった。

　このような状況下において，イギリスやアメリカにおいては NPM の考え方をさらに発展させた PPP（Public-Private　Partnerships：公民連携）という概念が生み出された。この「PPP」は，市場メカニズムを重視するものの，市場原理の原則だけでは達成できない公共セクターの役割を積極的に評価し，その上で事業の責任やリスクのすべてを民間に移転するのではなく，公共セクターと民間セクターのそれぞれの長所をより効果的に引き出しながら，両者の協働や連携を強めて事業を成功へと導くという考え方である。また，PPP では，NPM 理論の実践による効率化重視の考え方によって時として軽視されていた「公共サービスの質的改善」という点にも目を向けており，市場機構を介さない市民やコミュニティの「参加」や「協働」を進めようとしている点にも大きな特徴がある。

PPP の考え方の基本は，公共サービスの重要性を再認識した上で，その質を向上させるために「官・民・公」との協働や協調を推進させると同時に，行政，民間企業，市民や NPO などとの間の「役割と責任のパートナーシップ」を再構築し，新しい公共サービスの供給方法や公共サービスを担うプロジェクトの多様性を確保することである。PPP は，官の財政負担を最小化しつつ，民のビジネス機会を拡大するものとして注目されている[11]。行政が行ってきた公共サービスを公（官）と民が連携して，効果的かつ効率的に提供しようとする試みである。今後の行政の重要な役割は，国民・住民に根ざした公共サービスの質的改善と安定的かつ効率的な提供が行われるような体制を構築していくことである。

　PPP の考え方が従来の NPM 理論と根本的に異なる点は，公共サービスの単純な民営化には反するということ，すなわち「官から民へ」という画一的な発想ではなく，「官」（公共セクター）と「民」（民間企業），さらには市民や地域コミュニティ，NPO などの「公」が並列的に協力し合いながら，公共サービスの質的改善に向けて努力するということである。具体的な違いとして以下の4点を挙げることができる。第1に，行政が投入する資源が限定され，その分，民間の資金やノウハウなどを積極的に活用することが必要になっている。第2に，公と民の間で，責任と役割を明確にし，民間側も責任と評価を受ける構造に転換している。第3に，公と民が当該事業に対する協働関係を対等の関係で構築していることである。最後に，継続事業としての安定性・効率性を追求していることである[12]。

　PPP の内容や取り巻く状況は千差万別であり，PPP における最適の連携手法も一様ではない。主な連携手法には，業務委託（アウトソーシング），包括的民間委託，指定管理者制度，公設民営方式，PFI（Private Finance Initiative：民間資金等活用事業），市場化テストなどがある。業務委託（アウトソーシング）は，国や地方公共団体が行ってきた業務の一部を民間業者に外注することであり，民間の資源やサービスを部分的に活用することである。包括的民間委託は，公（委託者）と民（受託者）が契約を結び，受託者が委託された条件内で，自由裁量を発揮できる仕組みである。指定管理者制

図表6-6■公民連携手法「PPP」のバリエーション(一例)

公 民 連 携 手 法		
従来型	地方行政組織から「地方独立行政法人」などへ移行	
	委託	部分的な「業務委託」、または「仕様発注」が中心
現状および将来型	委託	受託者の創意工夫を採用する「性能発注」へ移行
	DBO (PFI事業者に設計 (Design)、建設 (Build)、運営 (Operate) を一括して民間委託)	
	第三者委託 (2002年4月施行の改正水道法により採用)	
	PFI (1999年 PFI法施行、2011年改正)	
	指定管理者 (2003年改正地方自治法244条の2第3項採用)	
	民間譲渡または民営化	

(出所) 各種資料をもとに作成。

度は、議会によって公の施設の設置目的を効果的に達成するために必要と認められた法人や団体が包括的に施設の運営を代行(地方自治法第244条)する制度である。公設民営方式は、国や地方公共団体が設置した施設の運営を民間が代行するものである。PFIは、民間の資金とノウハウなどを活用し、公共施設などの整備を促進するものである。最後に、市場化テストは、公共サービスの実施に際して、官民競争入札や民間競争入札を活用し、民間事業者の創意工夫を促そうとするものである。

　PPPやPFIなど、民間資金を活用したインフラ投資が円滑に進むように、国内の関連法規も徐々に整備されつつある[13]。さらに諸外国においても「インフラファンド」などの上場市場の創設に向けた具体的検討が進められている。かつてわが国の郵便貯金などは、財政投融資を通じて産業・経済活動に不可欠なインフラを整備するという社会的使命があった。しかし、近年のインフラ投資をめぐる社会情勢を鑑みると、国や地方公共団体が厳しい財政状態に直面している中で、日本郵政グループには改めてそうした役割を担う大きな可能性が秘められていると言えよう。**図表6-6**は、PPPにおける民間ノウハウの導入手法を従来型または現状および将来型でみたものである。

3-2　郵便事業における PPP

　郵便事業には法律に基づいてユニバーサルサービスが義務づけられており，この責務を果たすためには，日本全国を網羅する巨大ネットワークの維持・運営が必要となる。巨大なネットワークを維持・管理するためには，莫大な維持費用を要するが，RBV の観点からはこのネットワーク・インフラこそが郵便事業の貴重な資源である。したがって，コスト削減も必要であるが，それ以上に外部資源を有効活用し，ネットワークの稼働率を向上させるための対策を講じることのほうが重要となる。

　郵便事業ネットワークの稼働率を向上させる一環として，郵便事業は，2007年に㈱「郵便局の物販サービス」を支援する子会社として郵便局物販サービスを設立した。郵便局を通じて，ふるさとの物産や名産品，その他さまざまな商品を顧客に届けることにより，地場産業の活性化と郵便事業収入の増加につなげるのが狙いである。したがって，郵便局では地域密着経営を指向しつつ商品の多様化を図っている。

　そして，2008年7月には「JP サンキュウ グローバル ロジスティクス㈱」を日本郵便㈱と山九㈱が合同して設立した。出資比率は，日本郵便が60％，山九が40％である。JP サンキュウ グローバル ロジスティクス㈱は法人顧客への対応を強化するために，貨物利用運送事業，貨物航空運送代理店業，貨物自動車運送事業，通関業などの貿易貨物の輸出入に利用するサービスを行っている。

　さらに，日本郵政（株）は2015年に国際事業の収益増加を目的としてオーストラリアの物流大手「Toll Holdings Limited」を6,300億円で買収した。その後，数年で同社の業績が悪化したため，日本郵政（株）は2017年3月の連結決算で減損会計適用し，4,000億円の特別損失を計上した。買収・合併（M&A）によって、効果を出すことは簡単なことではないことを示している。

　その一方，今後の郵便局に期待することとしては，「全国どこでも均一な窓口サービス」や「窓口取扱時間の延長などサービス改善」など本業に関する項目が主となっている。これに次いで，「地域に密着した生活関連サービ

スの提供」なども挙げられている[14]。郵便局の中には，定期的なイベントを企画・実行する局や，郵便局ネットワークを活用して地域の中心（センター）として活躍している局なども多数存在している[15]。

日本郵便㈱では，単なる配達・宅配の枠を超えて，地場産業活性化のための通販事業や地域の買い物難民を支えるネットスーパー事業を展開するなど，人々の生活に密着したサービスを充実させようとしている[16]。しかし，現状では，郵便事業のネットワーク全体を押し上げるほどの効果は得られていない。郵便事業ネットワークを有効活用し，有望な草の根的な活動を迅速に全国的なビジネスとして展開できるようにならなければならない。そのためには，郵便事業本体の品質向上を図り，そして，地場産業や異分野企業との連携を円滑に行えるような体制づくりを構築することが必要である。

3-3 水道事業におけるPPPの推進

2012年度末現在，水道事業体（上水道）は全国に1,419事業体があり，その中には，東京都のように世界の中でも有数の規模を誇るものから，市町村が経営する地方公営企業のほかに，組合経営（48事業体）や民間経営（9事業体）まで含まれている[17]。直面しつつある人口減少や施設更新などの問題により，清潔かつ安価の水道水を大量に供給できる水道事業をこれからも安定して維持するには，部分的あるいは本格的に民間の経営資源を活用しなければならない時代が到来しているものと思われる。

水道事業においては，従来，検針業務や料金徴収などの単純作業を民間企業に外部委託する程度であったが，今日ではその範囲や手法が拡大している（**図表6－7**参照）。PPPのうち公設民営方式やPFIのケースでは，水道事業の主体は行政であるが，コンセッションや完全民営化の場合の事業主体は民間事業者となる。コンセッションとは，水道施設は行政が保有するものの，民間事業者に事業権を譲渡し，水道施設に関して長期間の賃貸契約を結ぶものである。なお，完全民営化の場合は，民間事業者が水道事業主体となるものであり，2012年度末時点で別荘地において小規模な9つの民営会社が上水道を供給している。

図表6−7■水道事業のPPPの諸形態

項　目		従来型	公設民営方式	PFI	コンセッション	完全民営化
水道事業主体		行　政	行　政	行　政	民間事業者（事業権譲渡）	民間事業者（事業権の譲渡または売却）
水道施設所有者		行　政	行　政	行政・民間	行政（賃貸契約し，監視）	民間事業者
主な業務	経営計画（全般）	行　政	指定管理者（代行なので，料金制）	行政・指定管理者	民間事業者	
	検針業務や料金徴収など	個別業務受託者		指定管理者・個別業務受託者		
	施設管理や運転管理	行　政		第三者委託（浄水施設の運転など水道の管理に関する技術上の業務を委託：水道法第24条の3）		
	資金調達	行　政	行　政	PFI事業者		

(出所)　塩見［2011］p. 144をもとに作成。

　今後，水道事業においても広域化やPPPが急速に進むと予想されており，商社やプラントメーカーなどが事業機会をうかがっている。水道事業権売却（完全民営化）や運営権譲渡（コンセッション）などのPPPによる事業運営が普及した場合には，そうしたノウハウを海外へ転用することも可能となる。他にも，高速道路や公営地下鉄なども同様に事業運営権を売却するとしている。こうした官製インフラは全国で約185兆円の資産規模があり，政府は民間への運営権売却で約100兆円規模の財源を確保できると試算している。これはあくまでも試算の域を超えてはいないが，仮にこのようにして調達した資金を，使途や投資効果を検証した上でインフラ投資に充当できれば，国や多くの自治体が抱える老朽化したインフラの更新問題をある程度解決できることになるものと考えられる。

3-4　新たな制度設計の必要性

　2017年6月9日に閣議決定された「未来投資戦略2017」をはじめとする閣

議決定文書等においては，水道分野における公共施設等運営事業を推進することとされている。また，複数の地方公共団体において同事業の具体的な検討が進んでいることなどを踏まえ，水道事業及び水道用水供給事業における公共施設等運営事業（以下「水道施設運営等事業」という。）の実施の具体化に向けて，さまざまな調査・検討が行われている。

周知のとおり，水道事業は，水道法（1957年法律第177号）第6条により，原則として市町村が経営するものとされている。その一方で，わが国の水道は，人口減少社会の下，料金収入の減少により経営状況はさらに厳しくなる中，老朽化する施設を更新していく必要があり，また，職員の大幅な減少への対応も必要となるなど，水道事業の基盤強化が求められている。さらに，民間事業者の技術・運営ノウハウや資金を活用できる公民連携も有効な方策の1つである。水道事業者及び水道用水供給事業者（以下「水道事業者等」という。）は，多様な公民連携の手法の中から，地域の実情に応じて適切な形態を検討し，選択すべきである。

「民間資金等の活用による公共施設等の整備等の促進に関する法律（1999年法律第117号。以下「PFI法」という。）」は，従来主に行われてきたサービス購入型のPFI事業について規定するものであったが，これに加え，民間事業者がより創意工夫を活かせる独立採算型又は混合型のPFI事業を推進するため2011年に改正され，公共施設等運営権制度（コンセッション）が創設された。これにより，利用料金の決定及び収受に係る権限を民間事業者が行使できることとするとともに，公共施設等運営権に抵当権の設定を可能とし，資金調達の円滑化を図ることとされた（図表6－8参照）。

水道事業者にとって公共施設等運営権方式は，さまざまな公民連携の方式の中でも水道事業の運営を含めた幅広い業務について，民間事業者が包括的に担うことにより，民間事業者のノウハウや活力が活かされる余地が大きい。具体的には，民間事業者が水道施設運営等の事業に参画することにより，水道事業にも新たな息吹が芽生え，全体としてビジネス上の価値が生じるものと考えられる[18]。

同時に，通常の公共手続きに拘束されない民間調達による工事の長期契約

図表6−8 ■ PFI法に基づく各種公民連携の形態と概要

サービス購入型	PFI事業者が整備した施設・サービスに公的主体が対価（サービス購入料）を支払うことで，事業費を賄う方式
独立採算型	PFI事業者が整備した施設・サービスに利用者が料金等を支払うことで，事業費を賄う方式
混合型	独立採算型とサービス購入型を組み合わせて，利用者による料金等と公的主体からの支払いにより事業費を賄う方式
公共施設等運営権制度	利用料金の徴収を行う公共施設について，施設の所有権を公共主体が有したまま，施設の運営権を民間事業者に設定する方式

（出所）各種資料より作成。

や一括発注，さらには，薬品や資機材の一括調達等によるコスト削減や積極的な投資による最先端のICT等の技術によるサービスの向上なども期待できよう。したがって，民間事業者の技術や運営ノウハウ，弾力的な資金を活用した事業の改善などが見込まれている。加えて，水道事業に携わる地方公共団体の職員の減少や高齢化により，技術の承継が困難となる水道事業者等が増えている中で，民間事業者と連携した人材育成や技術の継承がより可能となるものと思われる。また，運営権対価等により地方公共団体の財政負担の軽減が図られることも期待される。こうした広域化や他分野への事業規模の拡大により，さらなる付加価値が創出される可能性が考えられ，地域企業の育成による地域活性化や海外展開を見据えた民間事業者の育成も見込める。

●注
1　詳しくは，加護野忠男・井上達彦［2004］『事業システム戦略』有斐閣アルマ，p.47を参照されたい。
2　詳しくは，Council of Supply Chain Management Professionals（CSCMP）のホームページ〈www.csmp.org〉を参照されたい。
3　元来，古代ギリシャ語で計算，ラテン語でローマあるいはビザンチンの行政官などを意味する。
4　CSCMPの前身であるCouncil of Logistics Management時代の定義では，企業の利益を最大化することが目的であると明記されていた。
5　流通は，仏教用語で経典や教えを広めること意味している。そしてチャネルは（channel）は水路や路線を意味する。生産者と消費者の間には各種の乖離が存在す

る。最初の乖離は，社会的分業が前提となっており，人々の役割が異なることである。次に，生産場所と消費場所が離れており，それによって，輸送活動が必要になる。そして，生産時点と消費時点が異なっており，貯蔵・保管が必要になる。最後に，消費者と生産者の間には情報の隔たりがある。流通の役割は，生産者と消費者の乖離を埋め，生産者から消費者への製品やサービスの提供を円滑に行うことである。

6　詳しくは，J. P. Bradley, Thomas, T. G. and Cooke, J.［1999］"Future Competition: Supply Chain vs. Supply Chain," *Logistics Management and Distribution Report*, 38(3), pp. 20-21を参照されたい。

7　サプライチェーン内で発生する予想外の出来事として，ブルウィップ（牛鞭）効果が有名である。サプライチェーンの中で生まれた情報の歪みが，多段階の意思決定プロセスの中で増幅されることによって，川下から川上に遡るほど注文数量の変動が大きくなり，それに振り回されるようになるというものである。詳しくは，Toru Higuchi and Marvin D. Troutt［2004］"A Dynamic Method to Analyze Supply Chains with Short Product Life Cycle," *Computers & Operations Research*, 31(7), pp. 1097-1114 および L. H. Lee, V. Padmanabhan & S. Whang［1997］"Information Distortion in a Supply Chain : The Bullwhip Effect," *Management Science*, 43(4), pp. 546-558を参照されたい。

8　詳しくは，森田道也［2004］『サプライチェーンの原理と経営』新世社，pp. 15-17を参照されたい。

9　詳しくは，C. Sunil and P. Meindl［2001］*Supply Chain Management*, Prentice Hall, pp. 13-16を参照のこと。

10　Dell の事例に関しては，Christopher Martin［1998］*Logistics and Supply Chain Management*, 2nd ed, Prentice Hall. 田中浩二監訳［2000］『ロジスティクス・マネジメント戦略』ピアソンエデュケーション，pp. 17-20を参照されたい。

11　詳しくは，東洋大学PPP研究センターのホームページ（http://www.toyo.ac.jp/site/pppc/）を参照されたい。

12　その他に，国民・住民はサービスの受給者かつ供給者であるとの認識に立って，新たにサービス供給体制を構築するなどを挙げることができる。詳しくは，宮脇淳［2003］『公共経営論』PHP研究所，pp. 61-64を参照されたい。

13　近年，東証では，市場開設者としての社会的責務に応える観点から，上場市場を通じた民間資金を公的分野（特に，インフラストラクチャー）への投資に力を入れている。

14　全国の市区町村長首長1,820人を調査対象として，1,318件（回収率72.8％）が回答したアンケートの中で，「全国どこでも均一な窓口サービス」（68.5％）「窓口取扱時間の延長などサービス改善」（50.3％）に次いで，「地域に密着した生活関連サービスの提供」（48.3％），「各種申請や公的手続きのワンストップサービス」（35.4％）を期待していた。詳しくは，JP総合研究所［2008］「市区町村と郵便局の連携に関するアンケート調査」〈http://www.jprouso.or.jp/activity/lab/publish/pdf/report_ 01.pdf〉を参照されたい。

15 詳しくは，郵研社編［2004］『地域とともに生きる郵便局』郵研社を参照されたい。
16 日本郵便㈱が関与するネットスーパー事業として「優郵お買いものサービス」（『湧くわくフレッシュ優便』）がある。この事業は2011年11月15日に，日本郵便㈱が地場スーパーの株式会社ママイ（本社は愛媛県新居浜市）と提携し，愛媛県西条市においてサービスが開始された。詳しくは，樋口徹「郵優お買い物サービス（湧くわくフレッシュ優便）」『JP総研 Research』18号，pp. 34-41を参照されたい。
17 この他，水道用水供給事業が95事業体，簡易水道の事業者は6,257事業体，そして専用水道の事業者は8,100存在する。詳しくは，厚生労働省ホームページ「平成24年度水道の種類別箇所数」〈http://www.mhlw.go.jp/stf/seisakunitsuite/bunya/topics/bu kyoku/kenkou/suido/database/kihon/kasyo.html〉を参照されたい。
18 第196回（2018年）の通常国会において，内閣府はPFI法を改正する法律を提出した。その内容は①公共施設の管理者等および民間事業者に対する国の支援強化等，②公共施設等運営権者が公の指定管理者を兼ねる場合における地方自治法の特例，③水道事業等に係る旧資金運用部資金等の繰上償還に係る補償金の免除である。詳しくは，「内閣府ホームページ第196回通常国会にて，内閣府から国会にPFI法を改正する法律案を提出しました」〈http://www8.cao.go.jp/pfi/〉（2018年5月19日アクセス）を参照されたい。

結びに代えて

　2012年12月に発足した第2次安倍内閣は，日本経済の再生に向けて，「3本の矢」(アベノミクス) の経済政策を推進している。第1の矢は，「大胆な金融政策」の実行である。これはデフレ脱却のために今までの金融政策を根底から変えていくことを主眼としている。2013年1月には，政府と日本銀行がデフレ脱却に向けた2％のインフレ (物価上昇率) 目標などを明記した共同声明を発表し，すでに金融政策の「レジーム・チェンジ (体制転換)」に向けた施策が展開されつつある。第2の矢は，「機動的な財政政策」である。政府は2013年1月15日，日本経済の再生に向けた緊急経済対策として，リーマンショック後の非常事態を除くと過去最大規模となる約13兆円の2012年度補正予算を閣議決定し，日本経済における活性化の起爆剤とした。そして，第3の矢は，「民間投資を喚起する成長戦略」の推進である。ここでは，持続的な日本の経済成長につなげていくことを目的に，優れた技術やノウハウを有する日本企業を支援することを狙いとして，国民の自信と誇りを回復し，期待を行動へと変える「新たな成長戦略」(日本再興戦略) を打ち出している。さらに，2014年の臨時国会では，「地方創生国会」と位置づけ，政府は若者が新しい事業に挑戦しやすい環境を整えることを明確にし，地方には具体的に実現できるよう創意工夫を求めている。

　こうした国の経済・財政政策をフォローの風として，現代の組織 (企業) はボーダーレスな世界で事業活動を行っている。組織活動は，大なり小なり国境を越えて地球規模で行われるようになっており，これを直接的に可能にしているのは，飛行機，船舶，鉄道，トラックなどの交通および輸送機関などの飛躍的な発展である。交通システムおよび輸送ネットワークが全世界に広がり，それらのネットワーク上を人やモノが頻繁に移動している。特に，この交通および輸送機関の発展を支えているのが，「ICT (情報通信技術)」や「マネジメント技術」である。ICTの進展がなければ，交通および輸送

機関の安全で確実かつ効率的な運営は不可能である。さらに，移動中の人やモノの状態を瞬時に把握するためには，高度な ICT が必要不可欠である。

また，国際的な分業体制を構築・運営するには，国際的あるいは遠隔地とのコミュニケーションを可能にする ICT に加えて，マネジメント技術の高度化が必要となる。ICT によって，空間や時間の制約を超えてコミュニケーションが可能になっても，適切な分業体制の構築とその運営を管理するマネジメント手法が確立されていなければ，十分な効果は期待できないからである。

そして，現代の企業組織は，地理的なボーダーレス化に加えて，活動領域や競争相手，提携相手が今までの枠組みを超えて，多種多様の形態を生み出している。例えば，ある企業が有している経営資源を最大限有効活用するために，他の分野への展開を図ることは一般的である。その結果として，進出先での競争（異業種間の競争）が発生するが，異分野に進出する場合や競争が激化した場合，迅速な進出や生き残りのために，自社の強みと他社の強みを組み合わせる「戦略的提携」や「事業統合」などが分野を超えて行われている。したがって，企業は海外や異分野からの影響を直接受けやすくなっている。今後は，国内外の環境変化を速やかに把握し，各種の情報の解析によって，適切に対応することが今まで以上に重要となっている。

これからの企業経営には，①自社を取り巻く事業環境について適切な分析を行っているか，②自社の経営戦略，成長性，株式価値，株主還元等総合的な分析，評価を定期的に行っているか，③自社や関連する業界に関する調査・分析を担当するアナリスト等の体制や動向は適切に把握されているか，などの観点を常に認識しなければならないであろう。さらに，今日では多くの日本企業が海外株式市場で上場していることから，海外投資家に自社の魅力が十分正確に理解されるような「インベスターズ・リレーションシップ（IR）」が行われているかの検証も必要である。その際，投資家への的確な情報提供や適正な期待形成に資する効果的な方策を提案しているかの見極めも重要である。

日本郵政グループは，各社の企業価値を高めるためにさまざまな施策を展

開している。日本郵政㈱では，株式の追加売却に向けて今後の株式市場の動向を的確に把握するとともに，日本郵便㈱における郵便事業の構造改革，さらには，金融2社の成長シナリオである新規業務への進出や限度額の規制緩和などを推し進めることが必要であろう。これからは，今後の同社の事業経営に大きな影響を及ぼすことになるものと考えられる。日本郵政グループ各社においては，事業の縛りも多く，他の民営化企業の株式売却とは事業・経営環境の整備面で大きく異なっているといえる。

　最後に，現代の企業経営には，改めて現場のフロントラインとトップやミドルのマネジメントを一体的に企業経営に活かす「MOT（技術経営：Management of Technology）」の考え方が必要である。「技術」と「経営」を融合させる経営は，すべての業界で求められている。会社が最先端の情報技術を駆使したシステムや戦略を打ち出したとしても，それが実際の現場においてどのように機能発揮できるかは現場のリーダーにしかわからない。こうした「技術と経営の融合」は，現場の有能なリーダーの存在によってはじめて達成される。高度化した業務運営への対応は，法令・制度・慣習などを熟知したフロントラインであるからこそ可能となるのである。新しい組織とマネジメントには，さまざまな形態が考えられる。しかし，どの形態においても，常に"make or buy"の考え方に基づいて，自社にとっての最適なビジネスモデルの構築と選択が求められており，今後とも企業価値の最大化に向けた取り組みが必要になるものと考えられる。

参 考 文 献

Howard E. Aldrich [1999] *Organizations Evolving*, SAGE Publishing Ltd. 若林直樹・高瀬武典・岸田民樹・坂野友昭・板垣京輔訳 [2007]『組織進化論』東洋経済新報社。
Igor H. Ansoff [1979] *Strategic Management*, Palgrave Macmillan. 中村元一訳 [1980]『経営戦略論』産能大学出版部。
Igor H. Ansoff [2007] *Strategic Management*, Palgrave Macmillan. 中村元一監訳 [2007]『アンゾフ戦略経営論—新訳—』中央経済社。
Chris Argyris [1990] *Integrating the Individual and the Organization*, Transaction.
Chris Argyris [2006] *Personality and Organization*, Pickering & Chatto.
Chester I. Barnard [1938] *The functions of Executive*, Harvard University Press. 山本安次郎・田杉競・飯野春樹訳 [1968]『経営者の役割』ダイヤモンド社。
Jay B. Barney [2002] *Gaining and Sustaining Competitive Advantage*, Prentice Hall. 岡田正大訳 [2003]『企業戦略論—競争優位の構築と持続（中）事業戦略編』ダイヤモンド社。
BCG IN JAPAN「Expertise & Impact」〈http://www.bcg.co.jp/bcg_japan/default.aspx〉
T. Bovaird and E. Löffler [2003] *Public Management and Governance*, Routledge. みえガバナンス研究会訳 [2008]『公共経営入門』公人の友社。
J. P. Bradley, Thomas, T. G., & Cooke, J. [1999] "Future Competition: Supply Chain vs. Supply Chain." *Logistics Management and Distribution Report*, 38(3), 20-21.
Alfred D. Chandler, Jr. [1962] *Strategy and Structure*, MIT Press. 有賀裕子訳 [2004]『組織は戦略に従う』ダイヤモンド社。
Roger Clarke [1985] *Industrial Economics*, Wiley-Blackwell. 福宮賢一訳 [1989]『現代産業組織論』多賀出版。
Council of Supply Chain Management Professionals（CSCMP）"Supply Chain Management Definitions"〈http://www.cscmp.org/about-us/supply-chain-management-definitions〉（2014年2月10日アクセス）。
Peter F. Drucker [1985] *Innovation and Entrepreneurship*, Harper & Row Publishers. 上田惇生訳 [2007]『イノベーションと企業家精神』ダイヤモンド社。
Peter F. Drucker [1999] *Management Challenges for the 21st Century*, Harper Colling Publishers Inc.. 上田惇生訳 [1999]『明日を支配するもの』ダイヤモンド社。
Toru Higuchi and Marvin D. Troutt [2004] "A Dynamic Method to Analyze Supply Chains with Short Product Life Cycle," *Computers & Operations Resear-*

ch, 31(7), 1097-1114.
L. H. Lee, V. Padmanabhan, and S. Whang [1997] "Information Distortion in a Supply Chain: The Bullwhip Effect," *Management Science*, 43(4), 546-558.
Christopher Martin [1998] *Logistics and Supply Chain Management*, 2nd ed., Prentice Hall. 田中浩二監訳 [2000]『ロジスティクス・マネジメント戦略』ピアソン・エデュケーション。
Abraham H. Maslow [1965] *Eupsychian Management*, The Dorsey Press. 原年広訳 [1967]『自己実現の経営―経営の心理的側面』産業能率大学出版部。
Joseph L. Massie [1979] *Essentials of Management*, Prentice Hall. 高柳暁・林昇一訳 [1983]『エッセンス経営学』学習研究社。
Douglas McGregor [1960] *The Human Side of Enterprise*, MacGraw-Hill, Inc. 高橋達男訳 [1986]『企業の人間的側面』産業能率短期大学。
Antoin E. Murphy [1986] *Richard Cantillon, Entrepreneur and Economist*, Oxford University Press.
Michael E. Porter [1985] *Competitive Advantage*, Free Press. 土岐坤・中辻萬治・o小野寺武夫訳 [2008]『競争優位の戦略（24版）』ダイヤモンド社。
Michael E. Porter [1980] *Competitive Strategy*, Free Press. 土岐坤・中辻萬治・服部照夫訳 [1982]『競争の戦略』ダイヤモンド社。
Paul D. Reynolds and Sammis B. White [1997] *The Entrepreneurial Process*, Quorum Books.
Stephen Robbins [2005] *Essentials of Organizational Behavior*, Prentice Hall. 髙木晴夫訳 [2009]『組織行動のマネジメント』ダイヤモンド社。
Peter M. Senge, Art Kleiner, Charlotte Roberts, Richard Ross, and Bryan Smith [1994] *The Fifth Discipline Fieldbook*, Doubleday. 柴田昌治・スコラ・コンサルタント監訳, 牧野元三訳 [2003]『フィールドブック―学習する組織「5つの能力」』日本経済新聞社。
Herbert A. Simon [1976] *Administrative Behavior*, 3rd ed., Macmillan. 松田武彦・二村敏子・高柳暁訳 [1989]『経営行動』ダイヤモンド社。
Adam Smith [1776] *An Inquiry into the Nature and Causes of the Wealth of Nations*, 6th ed., Random House, Inc. 山岡洋一訳 [2007]『国富論　上』日本経済新聞社。
C. Sunil and P. Meindl [2001] *Supply Chain Management*, Prentice Hall.
Frederick W. Taylor [1911] *The Principles of Scientific Management*, W. W. Noton. 上野陽一訳 [1969]『科学的管理法』産業能率大学出版部。
Peter L. Wright, Mark Kroll, and John Parnell [1998] *Strategic Management*, 4th ed., Prentice Hall International.

安藤史江［2001］『組織学習と組織内地図』白桃書房。
石井晴夫・宮崎正信・一柳善郎・山村尊房［2015］『水道事業経営の基本』白桃書房。
石井晴夫・金井昭典・石田直美［2008］『公民連携の経営学』中央経済社。
石井晴夫・武井孝介［2003］『郵政事業の新展開―地域社会における郵便局の役割』郵研社。
石井晴夫［1999］『交通ネットワークの公共政策（第2版）』中央経済社。
石井晴夫編著［1996］『現代の公益事業』NTT出版。
石井晴夫［1995］『交通産業の多角化戦略』交通新聞社。
伊丹敬之［2009］『日本型コーポレートガバナンス（第7版）』日本経済新聞社。
伊丹敬之・加護野忠男［2003］『ゼミナール経営学入門（第3版）』日本経済新聞出版社。
大滝精一・金井一頼・山田英夫・岩田智［1997］『経営戦略』有斐閣。
大橋昭一・竹林浩志［2008］『ホーソン実験の研究』同文舘出版。
岡村一成［1996］『人間の心理と行動』東京教学社。
小椋康宏・柿崎洋一［2010］『新版　経営学原理』学文社。
小田切宏之［2001］『新しい産業組織論』有斐閣アルマ。
加護野忠男・井上達彦［2004］『事業システム戦略』有斐閣アルマ。
加護野忠男・石井淳蔵［1992］『伝統と革新―酒類産業におけるビジネスシステムの変貌』千倉書房。
経済産業省［2011］『平成23年 企業活動基本調査確報』〈http://www.meti.go.jp/statistics/tyo/kikatu/result-2/h23kakuho/pdf/H23gaiyo.pdf〉（2014年3月15日アクセス）。
幸田浩文［2013］『米英マネジメント史の探究』学文社。
小嶌正稔［2014］『スモールビジネス経営論』同友館。
小西友七・南出康世［2001］『ジーニアス英和大辞典』大修館書店。
塩見英治編［2011］『現代公益事業』有斐閣ブックス。
JP総合研究所［2008］「市区町村と郵便局の連携に関するアンケート調査」〈www.jprouso.or.jp/activity/lab/publish/pdf/report_01.pdf〉。
自由国民社［2006］『図解による法律用語辞典（2版）』自由国民社。
小学館国語辞典編集部編［2001］『精選版　日本国語大辞典』小学館。
証券保管振替機構『証券保管振替機構とは』〈http://www.jasdec.com/about/〉（2014年2月11日アクセス）。
新村出［2008］『広辞苑（第6版）』岩波書店。
総務省［2008］『公益法人白書（平成20年度版）』セブンプランニング。
総務省『電子政府の窓口イーガブ』〈http://law.e-gov.go.jp/cgi-bin/idxsearch.cgi〉（2013年12月21日アクセス）。
十川廣國［2006］『経営学入門』中央経済社。
十川廣國［2006］『経営組織論』中央経済社。

高橋伸夫［2006］『経営の再生―戦略の時代・組織の時代（第3版）』有斐閣。
高橋伸夫編著［2011］『よくわかる経営管理』ミネルヴァ書房。
寺田一薫・中村彰宏［2013］『通信と交通のユニバーサルサービス』勁草書房。
土井教之［2008］『産業組織論入門』ミネルヴァ書房。
東京証券取引所［2013］『新規上場ガイドブック2013』東京証券取引所。
西岡幹雄・近藤真司［2002］『ヴィクトリア時代の経済像』萌書房。
日本規格協会［2011］『日本語訳　ISO26000：2010　社会的責任に関する手引き』日本規格協会。
日本規格協会［2010］『対訳　ISO9004：2009〈JIS Q 9004：2010〉組織の持続的成功のための運営管理：品質マネジメントアプローチ　ポケット版』日本規格協会。
日本電気株式会社（NEC Corporation）『沿革』〈http://jpn.nec.com/index.html〉（2014年1月25日アクセス）。
日本郵政株式会社「郵政グループビジョン2021」〈http://www.japanpost.jp/group/pdf/04_01.pdf〉（2014年6月22日アクセス）。
林昇一・浅田孝幸［2001］『グループ経営戦略』東京経済情報出版。
樋口徹「郵優お買い物サービス（湧くわくフレッシュ優便）」『JP総研 Research』18号，pp. 34-41。
藤本隆宏［2003］『能力構築競争』中央公論新社。
宮脇淳［2003］『公共経営論』PHP研究所。
森田一寿［1984］『経営の行動科学』福村出版。
森田道也［2004］『サプライチェーンの原理と経営』新世社。
山本哲三・野村宗訓編著［2013］『規制改革30講』中央経済社。
郵研社［2004］『地域とともに生きる郵便局』郵研社。

索　引

■英　数

CSR…………………………………… 112, 132
ICT …………………………………… 7, 9, 140
M&A ………………………………………64
make or buy ………………………………154
NPM …………………………………………163
NPM 理論 ………………………… 120, 121, 164
NPO 法人 ………………………………………15
PFI ……………………………… 164, 165, 167
PPM …………………………………… 65, 67
PPP…… 14, 116, 140, 157, 163, 164, 165, 167, 168
RBV ………………………………… 71, 73, 166
SCM …………………… 14, 157, 160, 161, 162
S-C-P（Structure-Conduct-Performance）パラダイム ……………………73
VFM（Value For Money）………… 121
VRIO（ブリオ）フレームワーク …73
X 理論 ………………………………………53
Y 理論 …………………………………… 53, 54

■あ　行

アウトソーシング……………………… 155
アセットマネジメント………………… 117
アセットマネジメント手法…………… 138
アダム・スミス………………………………28
アポロ計画……………………………………38
アンゾフ………………………………………63
アンラーニング（学習棄却）………………83
意思決定……………………………52, 104, 154
意思決定プロセス……………………………56
意思決定メカニズム…………………………51
一般財団法人…………………………………15

一般社団法人…………………………………15
イノベーション・ギャップ……… 81, 82
インターネット……………………………131
インフラ（社会基盤）………………… 116
インフラファンド………………………… 165
売上 ……………………… 102, 103, 104, 106, 107
売上高総利益率……………………………107
営業利益………………………………………69
営利 …………………………………… 12, 15, 115
オーガニゼーション………………………1, 2

■か　行

会計監査人………………………………… 100
会計参与…………………………………… 100
外国会社………………………………………89
会社 ………………………………12, 15, 87, 110
会社分割………………………………………43
会社法……… 12, 13, 87, 89, 90, 93, 96, 97
外部環境………………………………… 24, 59
外部環境の変化…………………………… 141
価格交渉力………………………………… 155
学習する組織………………………… 77, 79
活動領域………………………………………57
金のなる木……………………………………67
株式会社…… 12, 15, 87, 88, 89, 90, 91, 92, 93, 96, 99, 109
株式の種類……………………………………91
株主 …………………………………………89, 90
株主総会……43, 90, 92, 93, 94, 95, 96, 97, 98, 99, 110
監査委員会………………………………… 101
監査等委員会設置会社………… 100, 102
監査役………………… 89, 96, 98, 99, 102, 110
監査役会……………………………… 13, 96, 99

完全競争市場·····················50
完全民営化·····················167
カンティヨン····················28
㈱かんぽ生命保険··············128
官僚主義······················119
官僚制·························119
関連多角化·····················64
起業··························21
企業家······················27, 29
企業家精神·····················28
企業戦略·······················59
企業組織·······················22
企業統治·········109, 112, 127, 129, 135
議決権······················90, 95
議決権の行使···················95
機能別戦略··················61, 62
機能別組織···········24, 31, 45, 61
規模の経済性············76, 117, 137
旧三公社······················122
吸収合併·······················43
境界··························25
境界維持活動···················24
業界内の競争状況···············75
業務委託（アウトソーシング）······164
金融商品取引所·················92
国···························116
グループ経営················45, 159
グループ経営管理·········42, 43, 45
グループ経営方針··············126
経営人·························51
経営成績·····················106

経験曲線効果················66, 67
経済人·························51
形式要件（内国株）············129
結果（output）················120
権限の委譲····················24
公益··························15
公益財団法人··············17, 116
公益事業·················116, 117
公益社団法人··············17, 116
公益法人·····················116
公開会社······················99
公共·························115
公共サービス·················120
公共サービス義務·············116
公共財·······················116
公共セクター······115, 120, 163, 164
貢献意欲······················54
合資会社·················12, 15, 88
公式組織············3, 5, 9, 10, 11
公設民営方式··················164
合同会社·················12, 15, 88
公法人···················17, 115
公民連携·················14, 163
合名会社·················12, 15, 88
小売全面自由化············117, 142
ゴーイング・コンサーン·········109
顧客の交渉力···················75
顧客満足度···········76, 127, 140
国際標準化機構··············5, 112
国富論························28
国立大学法人··················17
コストリーダーシップ······73, 75, 77
国庫補助·····················139
固定費··················104, 106
コミュニケーション···5, 7, 24, 31, 37, 51, 54
コミュニケーション力···········80

索　引　**183**

コンセッション……………………168, 169
コンプライアンス……………………… 8

■さ　行

債権者保護………………………………89
財政状態………………………………106
サイモン…………………………………51
サプライチェーン……… 9, 111, 159, 160
サプライチェーン・マネジメント
　　………………………………14, 157
サプライヤーの交渉力…………………75
差別化戦略…………………………73, 76
差別的出来高制度………………………30
産業競争力会議………………………118
事業システム………………154, 155, 157
事業システム戦略………………155, 156
事業譲渡（譲受）………………………42
事業戦略（競争戦略）……………61, 62
事業部制……………………………37, 46
事業部制組織……… 34, 35, 36, 37, 45, 61
事業部単位………………………………45
事業部長…………………………………39
事業部別…………………………………13
事業持株会社……………………………44
自己資本比率…………………………108
指示命令系統……………………………31
市場開拓…………………………………64
市場開拓戦略……………………………64
市場化テスト…………………………164
市場浸透…………………………………64
市場浸透価格戦略………………………76
市場浸透戦略……………………………63
市場成長率………………………………67
システム……………………………… 1, 2
執行役…………………………… 101, 102
執行役員…………………………………98
指定管理者制度………………………164

シナジー（相乗）効果…………………34
指名委員会……………………100, 101, 102
指名委員会等設置会社……100, 101, 102
社員………………………………………89
社会的責任…………………………… 8, 9
ジャスト・イン・タイム……………161
社内分社（カンパニー）制… 39, 40, 45, 46
社内分社制………………………………45
従業員…………………………………110
集中戦略……………………………73, 77
需要の価格弾力性……………………103
準公共財………………………………116
純粋持株会社……………………… 44, 124
上場株（上場銘柄）……………………92
情報開示………………………………… 9
職能（機能）別組織……………… 30, 31
「所有」と「経営」の分離……………89
新規参入の脅威…………………………75
シングル・サービス…………………142
シングル・チャージ…………………142
シングル・ループ………………………83
新水道ビジョン………………………140
新設合併…………………………………43
水道事業……… 121, 135, 137, 139, 167
水道法…………………………………137
水道料金………………………………138
スタック・イン・ザ・ミドル…………77
スマートメーター……………………140
セイ………………………………………28
成果（outcome）……………………120
生産性……………………………………22
製品開発…………………………………64
製品開発戦略……………………………63
製品ライフサイクル……………………67
説明責任………………………………… 9
ゼネラルスタッフ………………………31

全社戦略·····················59, 62
全体最適·····················36
戦略························58, 59
戦略的提携···················42
創造性·······················22
相対市場シェア···············65
組織·······················19, 115
組織構造···················25, 77
組織行動学···················51
組織進化論···················20
組織能力···················71, 80
組織の規模···················25
組織の有効性·················55
組織変革·····················83
組織ルーチン·················83
組織連合体···················13
損益計算書·········46, 106, 107, 109
損益分岐点················104, 106

■た 行

貸借対照表············106, 107, 108
耐震化······················138
代替品の脅威·················75
代表取締役················96, 97
多角化····················39, 62, 64
多角化戦略················34, 62
宅配便事業··················126
ダブル・ループ··············83
地域独占················117, 136
地方公営企業············121, 138
地方公営企業法·····121, 137, 140
地方公共団体········17, 116, 137
地方債······················137
地方財政法··················137
地方自治法··················137
チャンドラー················33
中央集権的····················31

中央集権的組織············33, 34
中央省庁·····················17
中期経営計画················127
定款·················95, 98, 110
テイラー··················29, 30
テイラーの科学的管理法·······53
適格要件···················129
デュポン社···················34
電気事業法··················117
電子（ペーパーレス）化······92
東京証券取引所··············128
統制範囲の原則···············26
投入量（input）············120
トータル生活サポート企業···126, 131
特殊法人················17, 122
独占禁止法··················42
特定非営利活動促進法·····13, 15
特定非営利活動法人·········116
独立行政法人············17, 116
独立採算············41, 45, 139
独立採算制·······36, 122, 138
トップ················25, 32, 33, 81, 82
トップの意思決定·············32
トップマネジメント··········60
ドメイン················57, 131
ドラッカー··············5, 7, 28
取締役············89, 96, 97, 98, 102
取締役会······13, 93, 96, 97, 98, 101, 102
取締役会設置会社········92, 93, 94

■な 行

内部環境····················59
内部環境の変化·············141
内部監査機関················89
内部組織····················13
内部統制···················127
二部料金制·················138

日本再興戦略……………………… 118
日本郵政㈱…………………… 122, 166, 175
日本郵政グループ……123, 126, 127, 128,
　131, 133, 134
日本郵便㈱……… 123, 124, 127, 128, 167
ニュー・パブリック・マネジメント
　………………………………… 119, 121
人間関係………………………………… 52

■は　行

バーナード………………………3, 10, 54
花形………………………………………67
パフォーマンス（業績／成果）…… 119
バリューチェーン………………… 68, 69
ハワード・オルドリッチ………………20
非営利…………………………12, 15, 115
非関連多角化……………………………64
非公益……………………………………15
非公式組織………………………… 11, 13
ビジネス・ロジスティクス………… 158
非取締役会設置会社…………93, 97, 98
費用…………………… 102, 103, 104, 106
費用積み上げ方式…………………… 139
ピラミッド型……………………………31
ファイブフォース分析…………………74
付加価値…………………………… 69, 76
ブックビルディング方式…………… 130
部分最適…………………………………36
ブランド・ロイヤリティ………………76
プロジェクトチーム……………………38
分業体制…………………………………14
分権的組織………………………… 33, 34
米国ウェスタン・エレクトリック社
　……………………………………11, 53
変遷段階…………………………… 21, 22
変動費…………………………… 104, 106
包括的民間委託……………………… 164

報酬委員会…………………… 101, 102
法人格…………………………… 10, 12
法令遵守……………………………… 8
ポーター…………………… 73, 74, 75
ポジショニング・アプローチ………73
ボストン・コンサルティング・グループ
　（BCG）………………………………65

■ま　行

マーケット・セグメント………………77
マーケティング戦略………………… 140
埋没費用（sunk cost）…………… 104
マクレガー………………………………53
負け犬……………………………………68
マズロー…………………………… 49, 54
マトリクス組織………… 38, 39, 40, 45
マネジメント……………………………5
マネジメント技術………………………7
満足基準…………………………… 51, 56
水環境………………………………… 135
ミドル（中間管理職）…25, 29, 32, 33, 81
ミル………………………………………28
民営・分社化………………………… 123
民営化………………………… 122, 123
民間企業……………………………… 164
民間部門……………………………… 115
民間法人………………………… 15, 122
民法………………………………………14
メイヨー…………………………… 11, 53
メール便事業………………………… 126
持株会社…………………………………43
問題児……………………………………67

■や　行

有限会社…………………………………89
郵政三事業…………………………… 123
郵便局………………………… 123, 132, 166

郵便局ネットワーク………………… 127
郵便事業…………………… 127, 166
郵便物……………………………… 124
㈱ゆうちょ銀行…………………… 128
ユニバーサルサービス………… 126, 136
欲求段階説………………………… 49, 54

■ら　行

ライフサイクル…………………… 19, 22
ライフライン…………… 116, 117, 141
リーダーシップ……………………51

利益………………………………… 102
利益責任単位……………………… 34, 36
利害関係者（ステークホルダー）…110, 111, 112
流動比率…………………………… 108
レートベース方式………………… 139
レスリスバーガー……………………11
連結決算書類………………………43
老朽化対策………………………… 138
ロジスティクス…………………… 158

■著者紹介

石井　晴夫（いしい　はるお）　　（第1章2, 4章3〜4, 5章, 6章3, 結びに代えて）
東洋大学大学院経営学研究科客員教授，東洋大学名誉教授

1953年群馬県前橋市生まれ。東洋大学博士（経済学）。
㈶運輸調査局調査センター主任研究員，中央大学経済学部兼任講師，参議院運輸委員会調査室客員調査員，作新学院大学教授，2006年4月より東洋大学経営学部教授・同大学大学院経営学研究科教授，2019年4月より現職。
2007年度より2010年度まで公益事業学会会長。政府ならびに地方公共団体の審議会・委員会・研究会等の委員を多数歴任。
著書：『交通産業の多角化戦略』交通新聞社，1995年。
　　　『現代の公益事業』（編著）NTT出版，1996年。
　　　『交通ネットワークの公共政策（第2版）』中央経済社，1999年。
　　　『公民連携の経営学』（共著）中央経済社，2008年。
　　　『水道事業経営の基本』（共著）白桃書房，2015年。　　ほか多数。

樋口　徹（ひぐち　とおる）　　（第1章1, 2章, 3章, 4章1・2・5, 6章1〜2）
作新学院大学経営学部教授・同大学院経営学研究科教授

1969年東京都東村山市生まれ。作新学院大学博士（経営学）。
学習院大学大学院経営学研究科博士後期課程満期退学。米国ケント州立大学（オハイオ州）博士課程中退。作新学院大学専任講師・助教授を経て現職。東洋大学経営学部非常勤講師。
著書：『Life Cycle Management in Supply Chains』（共著）IGI PUBLISHING，2008年。
　　　『Successful Strategies in Supply Chain Management』（共著）IDEA GROUP
　　　　　　PUBLISHING，2005年。　　ほか。

組織マネジメント入門〔第2版〕

2014年12月10日	第1版第1刷発行
2017年6月20日	第1版第4刷発行
2018年9月10日	第2版第1刷発行
2020年2月10日	第2版第2刷発行

著　者　石　井　晴　夫
　　　　樋　口　　　徹
発行者　山　本　　　継
発行所　㈱中央経済社
発売元　㈱中央経済グループ
　　　　パブリッシング

〒101-0051　東京都千代田区神田神保町1-31-2
電話　03（3293）3371（編集代表）
　　　03（3293）3381（営業代表）
http://www.chuokeizai.co.jp/
印刷／東光整版印刷㈱
製本／誠製本㈱

ⓒ 2018
Printed in Japan

＊頁の「欠落」や「順序違い」などがありましたらお取り替えいたしますので発売元までご送付ください。（送料小社負担）
ISBN 978-4-502-27451-0　C3034

JCOPY〈出版者著作権管理機構委託出版物〉本書を無断で複写複製（コピー）することは，著作権法上の例外を除き，禁じられています。本書をコピーされる場合は事前に出版者著作権管理機構（JCOPY）の許諾を受けてください。
JCOPY〈http://www.jcopy.or.jp　eメール：info@jcopy.or.jp〉

ベーシック＋プラス
Basic Plus

ミクロ経済学の基礎	マクロ経済学の基礎	経営学入門 	経営管理論
財政学	公共経済学 	企業統治 	技術経営
金融論	金融政策 	人的資源管理	国際人的資源管理
日本経済論	地域政策	消費者行動論	物流論

いま新しい時代を切り開く基礎力と応用力を兼ね備えた人材が求められています。このシリーズは，各学問分野の基本的な知識や標準的な考え方を学ぶことにプラスして，一人ひとりが主体的に思考し，行動できるような「学び」をサポートしています。

Let's START！
学びにプラス！
成長にプラス！
ベーシック＋で
はじめよう！

中央経済社